Fique de bem com seu cérebro

Suzana Herculano-Houzel

Fique de bem com seu cérebro

Guia prático para o bem-estar em 15 passos

SEXTANTE

revisão
José Figueiredo
Sérgio Bellinello Soares

projeto gráfico e diagramação
Valéria Teixeira

capa
Miriam Lerner

pré-impressão
ô de casa

impressão e acabamento
Associação Religiosa Imprensa da Fé

CIP-BRASIL. CATALOGAÇÃO-NA-FONTE
SINDICATO NACIONAL DOS EDITORES DE LIVROS, RJ

H464f Herculano-Houzel, Suzana
Fique de bem com seu cérebro: guia prático para o bem-estar em 15 passos / Suzana Herculano-Houzel. – Rio de Janeiro: Sextante, 2007.

ISBN 978-85-7542-343-1

1. Conduta. 2. Felicidade. 3. Qualidade de vida. 4. Cérebro. 5. Neurociências. I. Título.

CDD 158.1
07-3910 CDU 159.947

GMT Editores Ltda.
Rua Voluntários da Pátria, 45 – Gr. 1.404 – Botafogo
22270-000 – Rio de Janeiro – RJ
Tel.: (21) 2286-9944 – Fax: (21) 2286-9244
E-mail: atendimento@esextante.com.br
www.sextante.com.br

Para Lucas, Luiza e Carlos,

as maiores razões do meu bem-estar.

Prezado leitor,

Mesmo que você não seja neurocientista, ainda tem pelo menos duas coisas em comum comigo: possui um cérebro e gosta daqueles ótimos momentos da vida em que se sente bem, feliz e saudável. Como usar o cérebro para tornar esse bem-estar maior e mais freqüente é o que você vai descobrir ao longo deste livro, que apresenta uma série de dicas práticas baseadas em descobertas recentes da neurociência sobre o bom funcionamento desse órgão.

Certamente, para ser feliz não é preciso ser neurocientista e compreender em detalhes como o cérebro funciona. Mas é muito mais fácil conquistar o bem-estar e a felicidade com a ajuda dos conhecimentos da neurociência que vêm surgindo nos últimos anos. Hoje, sabemos bem mais a respeito de temas como a importância do prazer e da motivação para o bem-estar; os efeitos positivos e negativos do estresse sobre o corpo e o cérebro e como este último regula as nossas respostas ao estresse; as vantagens que o exercício físico e mental proporciona para a saúde cerebral e para a longevidade; o papel fundamental da atitude positiva; e até os benefícios do carinho ao longo da vida.

À primeira vista, pode parecer que muitos ensinamentos da neurociência apenas fundamentam o que já considerávamos atitudes de bom senso. Infelizmente, no entanto, a sensatez – tratar os outros com respeito, dar carinho às crianças, estudar, fazer exercícios físicos – nem sempre é consenso ou, se parece óbvia para alguns, não é para todos, ainda que as intenções sejam boas. Além disso, saber que algo é importante pode não ser suficiente para passarmos à ação – precisamos ter a *convicção* de que a vida seria melhor se fizéssemos alguma coisa concreta. Nesse caso, a informação apresentada com um enfoque prático pode ser o empurrão que falta para nos colocar no caminho certo.

Espero que este livro seja como um empurrão para você, que ele o ajude a se levantar do sofá e a se mexer para dar uma injeção de bem-estar e felicidade em sua vida. Aqui você tomará conhecimento de várias descobertas recentes da neurociência que têm grande utilidade no dia-a-dia. Elas estão acompanhadas de dicas e poderão ser aplicadas com facilidade para que você fique de bem com o seu cérebro. O conhecimento é da neurociência, as dicas são minhas – mas a conquista do bem-estar é toda sua.

SUZANA HERCULANO-HOUZEL
Outubro de 2007

Sumário

Introdução

O que mais de um século de pesquisa sobre o cérebro pode fazer por você? Muito, eu diria – e cada vez mais. Embora por muito tempo boa parte dos estudos nesse campo tenha se concentrado nas doenças e nas causas variadas da infelicidade e do mal-estar, uma bem-vinda ampliação do enfoque nos últimos anos fez com que a neurociência passasse a se interessar também pelo normal: como o cérebro se mantém saudável, o que nos causa prazer e felicidade, o que é o bem-estar e como alcançá-lo.

O bem-estar envolve ficar de bem com o nosso cérebro: encontrar paz e felicidade com ele e, sobretudo, mantê-las. A neurociência oferece informações preciosas sobre muitos dos fatores mais importantes para atingirmos esse estado: a saúde mental e física; a felicidade; a tristeza nas horas certas; a sensação de controle sobre a nossa própria vida; o poder de nos expressar, de manifestar por meio de palavras e comportamentos os nossos desejos e as nossas opiniões; a interação social; e o sentimento de termos um propósito na vida.

Ao longo deste livro, você descobrirá em detalhes como aplicar em sua vida os novos conhecimentos da neurociência. Este guia prático para o bem-estar é dividido em 15 capítulos e cada um deles contém informações e dicas a respeito de um aspecto desse tema. Veja a seguir do que eles tratam.

1. Cuide bem da sua saúde física

O cérebro precisa do corpo. Investir na saúde corporal proporciona grandes benefícios para a saúde desse órgão ao longo de toda a vida, sobretudo na velhice. Os problemas do corpo doem no cérebro – é preciso saber respeitá-los e tratá-los rapidamente. Tudo está bem quando o corpo e a mente vão bem.

2. Identifique e cultive os seus prazeres

Longe de ser um luxo, a sensação de prazer é a base do bem-estar. A antecipação de um mínino de prazer ou de satisfação com o dia que teremos pela frente é o que nos tira da cama pela manhã. É também o que chamamos de motivação. Essa busca pelo bem-estar é o que nos move. Encontrar prazer na vida é um enorme passo em direção à saúde desse órgão. Procure identificar as suas fontes de prazer e cultive-as: relações de amizade, relacionamentos amorosos, trabalho, lazer e exercício físico e mental.

3. Ouça as suas emoções

O estado do corpo é a base das emoções: sentir uma emoção é detectar as mudanças efetuadas no corpo pelo cérebro. Hoje se aceita que as emoções são parte fundamental das boas decisões. Elas nos informam de imediato sobre o resultado de experiências semelhantes que vivemos no passado, antes mesmo que tenhamos tempo de pensar "racionalmente"; portanto, devem sempre ser levadas em consideração. Se "alguma coisa" lhe diz não, ouça: é o seu corpo mandando avisos ao cérebro.

4. Sorria e busque a felicidade

A felicidade é o estado em que fica o cérebro que vê tudo dando certo. Além mudar o cérebro, ela afeta o corpo e o torna mais saudável. Se tudo está correndo bem e você está cheio de energia, ótimo. Em alguns casos, no entanto, a felicidade e a motivação são desmedidas, exageradas, e não refletem a realidade da vida. Isso é uma indicação de mania, condição que, à primeira vista, parece bênção, mas que se transforma rapidamente em maldição.

5. Saiba a diferença entre tristeza e depressão

A tristeza é uma emoção importante e útil. Em algumas situações extremas, a tristeza profunda é a única resposta razoável de um cérebro saudável e não deve ser confundida com depressão. Ela é perfeitamente justificável e tem que ser respeitada. A depressão é a tristeza despropositada e precisa ser tratada como caso clínico.

6. Tenha uma atitude positiva

Uma atitude positiva em relação à vida é fundamental. O otimismo favorece a ativação antecipada do sistema de recompensa, aumenta a satisfação com os feitos alcançados, amplia as chances de fazermos algo realmente dar certo, nos permite lidar melhor com situações negativas e até intensifica a resistência a doenças.

7. Tire proveito do estresse agudo

É essencial que o cérebro e o corpo saibam identificar situações ameaçadoras e reagir de acordo – e "de acordo" é justamente a resposta ao estresse. Se o cérebro não fosse capaz de distinguir situações estressantes e reagir a elas, mal chegaríamos de pé ao fim do dia. Por isso, uma resposta adequada é vital. O estresse agudo tem efeitos benéficos sobre a memória e sobre a resposta imunológica. A reação imediata ao estresse é altamente desejável: se não for muito intensa, ela facilita a memória e aumenta a imunidade.

8. Aprenda a lidar com a ansiedade

Além de simplesmente reagir, o cérebro sabe antecipar possíveis situações estressantes. Algumas preocupações são saudáveis e geram um estado de estresse antecipado, chamado de ansiedade, que pode ser percebido como indesejável. Em doses saudáveis, no entanto, essa habilidade é uma bênção, pois evita que o cérebro se coloque em situações problemáticas. Preocupar-se é importante – desde que nas horas certas.

9. Faça as pazes com os remédios

O bom funcionamento do cérebro depende de um equilíbrio químico muito delicado, mantido com todo o cuidado por esse próprio órgão. Às vezes, em decorrência de variações genéticas, estresse intenso ou doenças adquiridas, é necessário obter ajuda externa para encontrar e manter esse equilíbrio por meio de medicamentos que interferem na química cerebral. Algumas pessoas resistem a usar esses remédios, enquanto outras acreditam, equivocadamente, que os fitoterápicos são uma alternativa mais segura. Há, ainda, quem fique tentado a consumir medicamentos em busca de melhorias na memória e na capacidade de atenção normais – mas alterar sem necessidade o equilíbrio natural do cérebro não é uma boa idéia.

10. Combata o estresse crônico

O estresse vira vilão quando se torna crônico ou impossível de evitar: queremos nos livrar dele, mas não conseguimos. Uma resposta prolongada e exagerada ao estresse acaba por tornar ruim para o corpo e o cérebro tudo o que inicialmente era bom. A melhor maneira de não sofrer com o estresse crônico é impedir que ele aconteça. Se isso for inviável, será preciso aprender a lidar bem com ele.

11. Exercite-se regularmente

Além de promover a saúde cardiovascular e, portanto, também a do cérebro, o exercício físico intenso é um dos melhores estabilizadores de humor que a neurociência moderna conhece. A atividade aeróbica combate a depressão e a ansiedade, promove a produção de neurônios novos no hipocampo, melhora a memória e aumenta a liberação de substâncias neuroprotetoras, isto é, aquelas que mantêm os neurônios saudáveis. Pelos seus efeitos sobre o corpo e o cérebro, o exercício físico regular é o que existe de mais próximo de um elixir da juventude.

12. Durma bem e bastante

O sono é fundamental para o bem-estar. Quando dormimos, o cérebro descansa, mesmo sem parar de funcionar, e reorganiza as memórias do dia. A falta de sono causa um estresse intenso a esse órgão, além de uma série de problemas, inclusive de memória. O sono é tão importante que é auto-regulado: quanto menos dormimos, mais precisamos dormir.

13. Eduque-se e assuma responsabilidades

O cérebro tem uma capacidade incrível de aprender e dispõe de tudo o que precisa para isso: o gosto pelo desafio, o poder de usar a atenção para filtrar informações irrelevantes e a capacidade de se lembrar do que foi importante. Desenvolver as suas habilidades mentais – ou seja, educar-se – é um excelente meio de tornar o seu cérebro ainda mais capaz de resolver problemas, ampliar as suas capacidades e prolongar o bem-estar e a vida. Além disso, a instrução é uma maneira de obter controle sobre a própria vida, assumir responsabilidades e progredir socialmente, o que contribui muito para o bem-estar.

14. Cultive os seus relacionamentos

Ocupar uma posição de subordinação numa escala hierárquica é uma fonte importante de estresse social, mas não é a única. Mamíferos sociais, como o homem, não foram feitos para ficar sozinhos, e o isolamento é um dos mais intensos fatores de estresse social. Saber que contamos com o apoio de amigos e familiares é fundamental. Além disso, o contato humano, na forma de abraços, beijos e carinhos, garante ao cérebro que não estamos sós no mundo.

15. Busque e ofereça carinho

Talvez a maior descoberta da neurociência nos últimos tempos seja o impacto do carinho sobre o cérebro. Na infância, ele é a melhor indicação que o bebê tem de que conta com alguém que o aquece, protege e alimenta. Além disso, receber carinho nessa época ajuda o cérebro a formar uma resposta saudável ao estresse. Na vida adulta, o carinho é uma maneira poderosa de regular a ansiedade e respostas exageradas ao estresse de maneira geral. O mais importante, contudo, é que o carinho se autopropaga: cérebros que o recebem tornam-se mais carinhosos. Conquistar o bem-estar e dar carinho aos nossos filhos é investir desde já no bem-estar dos nossos netos.

CAPÍTULO 1

Cuide bem da sua saúde física

Assim como a saúde é mais do que a ausência de doença, o bem-estar é mais do que a ausência de mal-estar: trata-se de um conjunto de sensações positivas de satisfação, prazer, motivação, auto-estima, força física, relacionamentos sociais benéficos, independência e controle sobre a própria vida.

O bem-estar depende do cérebro. Mesmo com o corpo em perfeitas condições, se não nos sentimos mentalmente bem-dispostos – se estamos ansiosos, preocupados, tristes ou raivosos –, o bem-estar não é possível. Isso só existe quando, além de o cérebro julgar que a nossa vida mental é rica, agradável e satisfatória, ele recebe informações do corpo de que este último também vai bem. Como o nome diz, a "sensação" de bem-estar depende de sinais favoráveis enviados pelo coração, pela pele, pelos músculos e por todo o interior do corpo, cujo estado fisiológico é monitorado de modo permanente pelo cérebro. Sentir-se bem é ter o corpo equilibrado, relaxado, forte, pronto para a ação, além de, claro, livre de doenças, dores, tensão e ansiedade. Nossa capacidade de sermos felizes depende do bem-estar simultâneo do cérebro e do corpo.

Mente sã em corpo são

Por muito tempo, a maior motivação para manter o corpo saudável sem excesso de peso e de colesterol era ficar longe de problemas cardíacos, evitar a hipertensão e não fumar. Hoje o principal motivo para preservar a saúde já não é esse, ainda que as doenças do coração continuem sendo a maior causa de morte no mundo ocidental. A ciência e a medicina reconhecem que é fundamental manter são outro órgão vital, que sofre as conseqüências das más condições do corpo e deteriora a nossa qualidade de vida, mesmo que o coração esteja bem: o cérebro.

De todo o oxigênio que respiramos e da energia que nos mantém vivos, 20% são consumidos somente pelo cérebro, embora ele represente apenas 2% da massa corporal. São necessários cerca de 750ml de sangue circulando constantemente pelo cérebro por minuto para mantê-lo em funcionamento, e o volume é crítico: uma redução de 1% é suficiente para provocar mal-estar e até desmaio.

Por esse motivo, as perturbações na circulação sangüínea cerebral provocadas por acidentes vasculares cerebrais (AVCs) podem ter conseqüências devastadoras. Além de serem a causa mais comum de morte depois das doenças cardíacas e do câncer, elas são o principal fator de incapacitação e redução da qualidade de vida por ocasionarem perda da fala, de movimentos do corpo e dos sentidos, alterações de humor e de personalidade e até demência. No Brasil, quase 300 mil pessoas sofrem um AVC a cada ano.

Com o avançar da idade, aumenta o risco de sofrer um AVC – um risco incontornável, como ser do sexo masculino (AVCs são 25% mais comuns nos homens do que nas mulheres) e ter uma herança genética desfavorável. Ainda assim, diversas medidas podem ser tomadas para manter o cérebro bem oxigenado e livre de problemas.

O bem-estar depende de uma boa qualidade de vida, que requer capacidades mentais intactas. Essas, por sua vez, exigem um cérebro saudável, com um abastecimento constante de oxigênio e energia proporcionado pelo sangue para manter os neurônios (as células do cérebro) funcionando, quer estejamos acordados, quer estejamos dormindo. A saúde cardiovascular é, portanto, vital para a saúde do cérebro e da mente.

Riscos evitáveis

Cerca de 8 em cada 10 AVCs são devidos a uma interrupção do fluxo sangüíneo dentro do cérebro, ou isquemia, causada por coágulos de sangue ou estreitamento das artérias, que priva de oxigênio e energia uma região do tecido nervoso. Se a interrupção não é revertida rapidamente, os neurônios na região afetada do cérebro acabam morrendo: é o infarto cerebral. Os outros AVCs são conhecidos como derrames, causados pela ruptura de artérias dentro do cérebro, o que espalha sangue no local e também interrompe a oxigenação do tecido.

Tudo o que facilita a formação de coágulos, o estreitamento e o enfraquecimento das artérias aumenta a chance de asfixia do cérebro por entupimento ou rompimento das artérias. Hipertensão, colesterol elevado, diabetes, fumo e uso de álcool e outras drogas têm esses efeitos. A hipertensão crônica enfraquece as artérias e aumenta em quatro a seis vezes o risco de AVC. O colesterol de baixa densidade (do tipo LDL) acumula-se nas artérias formando placas ateroscleróticas que tanto podem levar a um AVC isquêmico, por entupimento e bloqueio da passagem de sangue, quanto tornam as artérias frágeis e quebradiças, capazes de se partir durante um surto de hipertensão e provocar um derrame. O cigarro intensifica a formação dessas placas de colesterol nas artérias e de coágulos sangüíneos e enfraquece a parede das artérias, o que duplica a chance de ocorrência de um AVC nos fumantes. A combinação de fatores como fumo e hipertensão é pior ainda, pois tem efeito explosivo: os riscos se multiplicam em vez de apenas se somarem.

A boa notícia é que esses riscos são evitáveis e, tão logo se pare de fumar e beber ou se controle a pressão arterial e o colesterol com dieta, exercícios e medicação (se necessário), o risco da ocorrência de AVC diminui – ainda que leve anos para que um ex-fumante tenha o mesmo risco reduzido de sofrer um problema desse tipo do que alguém que nunca fumou.

~

O cérebro é um órgão valioso para o bem-estar. Conhecer os fatores que o colocam em risco é o primeiro passo para evitar problemas. A prevenção é o melhor caminho, mas, se você já é hipertenso ou fuma, nunca é tarde para reverter esse quadro. Comece agora mesmo a cuidar melhor do seu cérebro.

Exercícios, alimentação saudável e pouco (ou nenhum) álcool

O exercício físico, além de reduzir o risco de uma série de complicações de saúde, é um santo remédio quando elas já se instalaram. Você verá em detalhes todas as vantagens do exercício físico no capítulo 11. Por enquanto, anime-se com esta informação: atividade física e uma dieta saudável, com pouca gordura, podem bastar para reduzir os níveis do colesterol de baixa densidade e aumentar os níveis do colesterol de alta densidade (HDL), o "colesterol bom". O HDL constitui-se de grandes moléculas que levam ao fígado o excesso de colesterol do sangue para que ele seja removido do corpo, o que diminui o risco de AVC decorrente do acúmulo de placas nas artérias.

Um efeito colateral altamente desejável do exercício físico é a redução das reservas de gordura corporal como um todo. Quando há gordura suficiente para ser acumulada no abdômen, entre as vísceras, e formar a "barriga de chope" – em vez de se depositar apenas embaixo da pele –, é sinal de que já deve haver gordura entupindo as artérias também. Além dos excessos na alimentação, um dos fatores que contribuem para o acúmulo de gordura visceral é o estresse crônico, que também pode ser combatido com exercício físico, como você verá. Por isso, se, com a atividade física, a gordura visceral se reduz o suficiente para a barriga encolher, há boas chances de que as placas de gordura nas artérias também diminuam.

Já o álcool é uma faca de dois gumes. Embora o seu consumo elevado provoque hipertensão e aumente a chance de AVCs, vários estudos mostram que a ingestão moderada dessa substância reduz a coagulação sangüínea e pode diminuir o risco de AVCs isquêmicos provocados por coágulos. Isso não significa, contudo, que seja recomendável ingerir esse tipo de bebida todos os dias. Não existe um número mágico que defina "consumo moderado" para todas as pessoas. Os homens, por exemplo, costumam tolerar doses maiores de álcool do que as mulheres. No entanto, mesmo em pequenas quantidades, o álcool intoxica o corpo e o cérebro, perturba as funções mentais de várias formas e provoca a morte de neurônios do feto em gestação. Brincar na fina linha entre consumo moderado e excessivo pode ser um jogo perigoso, porque altas doses de álcool reduzem tanto a coagulação sangüínea que o risco de hemorragia cerebral se torna alto – sem falar na chance de acidente por embriaguez. O problema não termina aí: depois de um porre ocasional, o efeito rebote da remoção de grandes quantidades de álcool da circulação pode tornar o sangue espesso demais e aumentar o risco de um AVC isquêmico.

Uma dieta saudável e exercício físico regular ajudam a manter as artérias livres de placas de gordura e a proteger o cérebro de um AVC. Já a ingestão de álcool é uma faca de dois gumes. Ainda que alguns estudos sugiram que o seu consumo moderado possa proporcionar benefícios, o álcool sempre intoxica o cérebro – além de engordar, pois é altamente calórico. Se você escolher beber álcool, tenha consciência das desvantagens possíveis: o risco de dizer besteiras, de se envolver em acidentes, ganhar peso e ainda se tornar dependente.

Invista no seu futuro

Você já pensou que um dia será velhinho? Admita que evitar o assunto ou encará-lo com amargura não leva a nada. Por outro lado, é altamente produtivo aceitar o envelhecimento como a passagem natural do tempo e se preparar desde já para ter uma deliciosa e saudável velhice. "Se Deus quiser, um dia eu morro bem velha", já cantava Rita Lee.

Pense na sua saúde física hoje como um investimento no seu futuro. Boa parte dos problemas de saúde mental dos idosos é causada ou agravada por problemas físicos. A troca de massa muscular por gordura, a tendência ao sedentarismo e à hipertensão comprometem a saúde cardiovascular, o que aumenta a chance de microderrames e AVCs – sobretudo com o acúmulo de placas ateroscleróticas com o passar do tempo.

Mesmo quando são pequenos o suficiente para não aparecerem em exames, os AVCs têm um efeito acumulado e amplificam pequenas perdas cerebrais que, sem eles, não acarretariam conseqüências mais graves. Em um estudo sobre freiras idosas de um convento no norte dos Estados Unidos, 43% das irmãs falecidas com sinais de degeneração cerebral associada à doença de Alzheimer, mas sem marcas de AVCs no passado, não apresentavam nenhum nível de demência. Por outro lado, 93% das freiras que morreram com os mesmos sinais de degeneração cerebral, mas também com evidências de pequenos AVCs, sofriam de demência. Aliás, nem mesmo a doença de Alzheimer, que se torna cada vez mais comum com o avançar da idade, é inevitável. No estudo que definiu uma escala muito usada para determinar o estágio de degeneração cerebral relacionada à doença, 40% dos indivíduos que morreram na faixa dos 96 aos 100 anos de idade não mostravam nenhuma indicação de degeneração patológica no cérebro. Além disso, pesquisas recentes mostram que fatores como boa saúde física e atividade intelectual elevada protegem o cérebro do avanço da doença.

Ainda que boa parte dos idosos apresente problemas de memória e lentidão de pensamento, mesmo sem evidência de AVCs, a neurociência já não trabalha mais com a hipótese de que a perda cognitiva com o envelhecimento é inevitável. Ela é comum, isso é fato, e está associada a alterações no cérebro. Mas não ocorre obrigatoriamente. Uma das principais diferenças entre jovens e idosos é que, enquanto os primeiros têm um desempenho bastante uniforme em testes de memória e habilidade de resolver problemas, os mais velhos apresentam uma atuação bastante variada. Muitos idosos saudáveis mostram um declínio real em suas funções cognitivas, o que puxa a média do grupo para baixo, comparada com a dos jovens. Mas há boas notícias: o número de pessoas na terceira idade cujas habilidades mentais são semelhantes às dos moços é grande o suficiente para que elas não possam mais ser consideradas exceção; além disso, as alterações no cérebro decorrentes do envelhecimento são menores nos indivíduos que se mantêm saudáveis em termos médicos e cognitivos. Sem mencionar que os idosos continuam acumulando algo que até o mais ávido dos estudantes só ganha com o tempo: conhecimento e *expertise*.

O envelhecimento saudável é hoje tema de numerosos estudos que mostram o que é possível fazer para preservar as habilidades cognitivas ao longo da vida. Praticar atividades físicas, manter um alto nível de estimulação intelectual, ter vida social, controlar a pressão arterial e não fumar são os fatores mais importantes na preservação do bem-estar do corpo e do cérebro.

~

Não deixe para pensar na velhice apenas quando ela chegar. Considere a sua saúde hoje como um investimento no seu bem-estar constante por muitas décadas. Envelhecer é inevitável, mas perder as habilidades cognitivas não é – e você pode fazer muito desde já para estar em ótimas condições em um amanhã distante. Atividades físicas, intelectuais e sociais são fatores importantes para se alcançar esse objetivo, como você verá ao longo deste livro.

A ciranda corpo–cérebro

Manter o cérebro saudável não significa apenas evitar AVCs e microderrames que comprometem as funções mentais e o envelhecimento saudável. O bem-estar depende de uma ciranda contínua entre o corpo e o cérebro, como duas crianças brincando de roda: a diversão não começa com uma delas apenas, mas somente quando as duas se dão as mãos. Do mesmo modo, tanto o estado de ânimo do cérebro se reflete no estado do corpo quanto o estado do corpo influencia os ânimos do cérebro e, portanto, a atividade mental. Um pensamento pode provocar ansiedade, medo, raiva, prazer ou felicidade e desencadear mudanças no corpo que nos trazem as sensações características de cada uma dessas emoções. Ao mesmo tempo, não é possível, por exemplo, nos sentirmos tranqüilos quando os nossos músculos estão tensos nem saudáveis quando suamos frio: a informação de que o corpo não vai bem desvia a nossa atenção e nos deixa apreensivos, preocupados em resolver o problema recém-encontrado.

Monitorar o estado do corpo é função de uma parte específica do cérebro chamada *ínsula*, no córtex cerebral, cujo tamanho e intensidade de ativação em resposta às alterações no estado de funcionamento do corpo se correlacionam com o nosso grau de autoconsciência corporal e de complexidade emocional. Por meio dela, o corpo e o cérebro se dão as mãos, enquanto o bem-estar passa a ser uma via de mão dupla.

~

O bem-estar do cérebro depende do bem-estar do corpo a tal ponto que possuímos um sentido dedicado a monitorar as condições de funcionamento deste último a cada instante. A sensação de bem-estar decorre de estados físicos positivos: se o corpo adoece, o cérebro sofre junto, e ela fica comprometida. Manter o corpo saudável, relaxado, alimentado e descansado é, portanto, o primeiro passo para nos sentirmos bem.

Ouça o seu corpo

Pare um minuto e pergunte a si mesmo: "Agora, neste exato momento, como estou me sentindo? Bem? Mal? Um pouco angustiado? Atento e pronto para o que der e vier?" Se conseguimos encontrar uma resposta para essa pergunta, é graças a um sentido não muito divulgado e, na verdade, conhecido há pouco tempo que não se encaixa no esquema tradicional dos cinco sentidos – visão, tato, audição, paladar e olfato. Trata-se da *interocepção*, que informa ao cérebro a cada instante sobre o estado de funcionamento do corpo através de nervos presentes em todos os seus órgãos. Esse sentido acompanha o nível de oxigênio, glicose, sais e aminoácidos no sangue, o esforço dos músculos, a integridade da pele, o grau de distensão do estômago e dos intestinos e a freqüência cardíaca.

Ao contrário dos outros sentidos, como a visão e o tato, que nos permitem avaliar *onde* estamos, as informações interoceptivas dão ao cérebro a capacidade de avaliar, objetiva e subjetivamente, *como* estamos no momento: relaxados? Tensos? Famintos? Saciados? Em uma temperatura confortável ou com frio? Com o sangue bem oxigenado? O coração disparado? Dependendo da resposta, a informação é usada pelo cérebro para guiar comportamentos – como beber água ou ingerir alimentos – que provocam mudanças no estado fisiológico do corpo. Como a monitoração é permanente, o novo estado fisiológico é informado ao cérebro, que desencadeia os próximos ajustes necessários, e assim por diante. O resultado disso é que o corpo é mantido sempre em boas condições de funcionamento.[1]

~

A sensação de bem-estar físico depende da monitoração constante do corpo pelo cérebro. Além de dispor das informações sobre o estado do corpo, precisamos agir de acordo com elas: beber água quando sentimos sede, dormir quando temos sono e procurar ficar em repouso quando nos sentimos mal, como você verá a seguir.

---

[1] Mas manter o corpo em boas condições não significa necessariamente fazer com que ele permaneça em um equilíbrio constante – chamado de *homeostase*. Realmente, é fundamental que alguns parâmetros, como o pH do sangue, permaneçam estáveis, e variações de menos de 1% já são suficientes para disparar alarmes no cérebro, provocar mal-estar e acionar os mecanismos naturais de correção do pH do sangue, como mudanças na respiração. Outras vezes, no entanto, é essencial que o estado de funcionamento do corpo se modifique. Por exemplo: ou a freqüência cardíaca e a respiração se aceleram quando fazemos um esforço ou o corpo não terá energia para se deslocar. A capacidade que o corpo tem de sofrer alterações sob demanda, aos cuidados do cérebro, é chamada de *alostase*. Sem ela, não sobreviveríamos a um único dia em que precisássemos sair da cama.

Respeite o mal-estar

Pode ser uma indisposição, náusea leve, dor de barriga ou falta de ânimo ou de sono. Se não estamos nos sentindo bem, é porque o cérebro está recebendo sinais dos órgãos do corpo, através da interocepção, de que algo está errado e precisa da nossa atenção. Em alguns casos, a alteração corporal é causada pelo próprio cérebro – por exemplo, em resposta a um estresse, como uma dor de barriga ou um suor frio – e é uma ótima maneira de nos fazer tomar consciência da situação e resolvê-la. Outras vezes, o mal-estar físico é decorrente de alterações que escapam ao controle do cérebro, como a invasão do corpo por vírus, bactérias e outros parasitas, ou por disfunções hormonais.

Tanto os hormônios, que regulam o funcionamento dos órgãos, quanto o sistema imunitário, que mantém os invasores do corpo sob vigilância, participam da ciranda do bem-estar. Assim, mais cedo ou mais tarde, ambos influenciam o funcionamento do cérebro. Por exemplo: quando as substâncias produzidas pelo sistema imunitário em resposta ao vírus da gripe atingem o cérebro, ficamos letárgicos, indispostos, desatentos e preguiçosos. De certa forma, isso é ótimo, pois nos força a parar de gastar energia em atividades supérfluas e a dar chances ao corpo de se recuperar.

~

O mal-estar pode ser um aliado, uma indicação de que o seu corpo precisa da sua atenção. Quando o corpo está mal, o cérebro pára naturalmente de realizar atividades desnecessárias e se concentra na recuperação. Ainda que os compromissos exijam a sua presença, procure respeitar o problema para se proteger e se restabelecer mais rápido.

O sinal de basta

A dor física é uma indicação inequívoca de que algo vai mal, pois ela acontece quando as fibras nervosas interoceptivas identificam sinais de lesão dos tecidos do corpo. Esses sinais são substâncias químicas que, em circunstâncias normais, existem somente dentro das células, onde não são detectadas pelos nervos. Se essas substâncias ativam os nervos, é porque as células que as abrigavam foram destruídas ou o local está inflamado. A informação é prontamente levada pela interocepção ao cérebro, que toma as providências devidas: pára de usar essa parte do corpo, passa a protegê-la, produz aquela sensação tão conhecida quanto indesejável – a dor – e procura ajuda, na forma de curativo, consolo ou consulta médica.

A dor também indica os limites naturais ao corpo. Por meio dela sabemos que chegamos à exaustão muscular ou ao máximo de distensão dos tendões e músculos e, assim, interrompemos o exercício. É também por sua ação que evitamos estimulação sensorial danosa, como o excesso de ruídos e iluminação. Embora a dor seja culturalmente associada a estados físicos anormais, ela tem um papel tão importante no bom funcionamento do corpo que não senti-la não é uma bênção. As raras pessoas que, em decorrência de uma alteração genética, não sentem dor não vivem no paraíso, como seria de se esperar. Ao contrário, seu tempo de vida costuma ser encurtado por complicações associadas ao desgaste excessivo das articulações, sem falar nas lesões e doenças que, na falta de dor, muitas vezes são detectadas somente por acaso – e tarde demais.

Até a dor "emprestada" é importante. A angústia que sentimos por empatia ao vermos alguém com o braço queimado, com uma fratura exposta ou mesmo em meio a um sofrimento emocional nos protege por antecipação, pois nos faz querer evitar a todo custo que aquilo aconteça conosco também.

~

Respeite a dor: ela é a maneira que o seu corpo tem de chamar a atenção do cérebro. Analgésicos podem ser ótimos por aliviar o cérebro do estresse que ela provoca, mas fazem você acreditar que está tudo bem. Converse com o seu médico para tratar a causa da dor em lugar da dor em si.

Psicológico também é fisiológico

Por sorte, foi-se o tempo em que se acreditava que problemas psicológicos não envolviam o cérebro e o resto do corpo. Toda a nossa psicologia depende de como o cérebro funciona e é afetado pelos pensamentos. Se algo nos deixa psicologicamente mal – estressados, angustiados, tristes –, é porque o cérebro sofre a influência dos seus próprios pensamentos. Conforme os pensamentos, o cérebro faz com que o corpo se altere de acordo, expressando fisicamente o estresse, a angústia ou a tristeza. As chamadas "doenças psicossomáticas" são a prova maior de que o estado do cérebro afeta o estado do corpo.

A principal causa de problemas de saúde física decorrentes da perturbação do bem-estar cerebral é o estresse crônico, como você verá mais adiante. Além das conseqüências graves diretas que acarreta ao cérebro, ele deteriora a saúde imunológica, nos faz adoecer, promove o acúmulo de gordura visceral e de placas ateroscleróticas e causa hipertensão. Todos esses fatores aumentam os riscos de o cérebro sofrer um AVC e perder de vez o bem-estar.

~

Os seus pensamentos têm o poder de mudar o seu corpo. A ansiedade e a tensão causadas pelo estresse crônico minam a saúde física e acabam prejudicando a saúde do cérebro. A felicidade, ao contrário, ajuda a manter o corpo saudável. Cuidar do bem-estar do cérebro é, portanto, uma enorme ajuda para se manter bem fisicamente.

CAPÍTULO 2

Identifique e cultive os seus prazeres

O bem-estar é um conjunto de sensações positivas que envolvem em grande parte o prazer e sentimentos semelhantes de satisfação, motivação e auto-estima. O prazer é muito mais do que a ausência de sofrimento ou dor. Para a neurociência, ele é um estado específico, que pode ser buscado ativamente e depende de um conjunto de estruturas cerebrais fundamentais ao bem-estar: o sistema de recompensa.

Um sistema só para o prazer

Temos no cérebro uma estrutura de cerca de um centímetro de diâmetro com um poder particularmente interessante: ela nos causa prazer. Quanto mais intensa é a sua ativação, maior é a sensação de prazer alcançada, que vai da leve satisfação à franca euforia.

Acionar essa estrutura, chamada de núcleo acumbente, é algo simples que podemos fazer várias vezes por dia. Basta realizarmos alguma coisa que o cérebro considere que deu certo: resolver mentalmente um problema, concluir um trabalho, passar de fase no videogame, beijar alguém querido, comer ou ouvir música. Ao se considerar autor de um comportamento bem-sucedido, que atende as expectativas ou é interessante por outras razões, o córtex cerebral providencia uma dose do neurotransmissor dopamina para o núcleo acumbente. Quanto mais dopamina ele recebe, mais ativo fica e, assim, mais prazer gera através de mecanismos ainda pouco conhecidos. Esse prazer com o que fazemos direito – proporcionado pelo acumbente e pelas estruturas associadas a ele que formam o sistema de recompensa – é a base da satisfação e da auto-estima.

Além de oferecer recompensa imediata pelo bom comportamento, a ativação do núcleo acumbente é importante por duas razões. A primeira é que ela serve como um retorno positivo fundamental para que, por meio do aprendizado, o cérebro aperfeiçoe a sua maneira de agir. A segunda é que a associação entre o que fizemos e a sensação de prazer que aquilo causou é registrada na memória. A lembrança do que deu certo no passado é fundamental para o comportamento: ela nos faz ter preferências e buscar repetir o que sabemos por experiência própria que foi bom.

~

O prazer é uma sensação fundamental no dia-a-dia, base da motivação e requisito para o bem-estar. Mais do que um luxo raro, trata-se da maneira como o cérebro indica a si mesmo que fez algo que deu bons resultados e que, portanto, deve ser repetido no futuro. Tornar a sua vida prazerosa não significa simplesmente regalar-se com boa comida, bebida e sexo, mas procurar fazer o que deixa o cérebro satisfeito com as suas ações.

Motivação: a cenoura na ponta da varinha

À medida que repetimos um comportamento bem-sucedido, como entregar um trabalho em troca de pagamento em dinheiro, uma mudança interessante acontece no sistema de recompensa: ele passa a ser acionado por descargas de dopamina enquanto ainda estamos apenas considerando a possibilidade de agir, isto é, *antes* de executarmos aquela ação de fato. Diversos estudos mostram que essa ativação dopaminérgica prévia do sistema de recompensa tem uma função importantíssima: ela serve como motivação, o impulso que nos faz passar à ação. É como se, cada vez que pensamos em trabalhar, ir ao cinema ou encontrar a família, o sistema de recompensa oferecesse ao resto do cérebro uma amostra do prazer que pode ser obtido se realizarmos o ato em questão. Caso o prazer antecipado seja grande o suficiente, seguimos em frente com o trabalho, o cinema ou a reunião familiar e temos ótimas chances de nos sentir verdadeiramente bem com o resultado.

Se a motivação depende da ativação antecipada do mesmo sistema de recompensa que nos dá satisfação depois de fazermos algo com sucesso, quanto mais ativo for esse sistema, mais fácil será encontrar motivação. Por isso, colocar prazer em nossa vida é o começo de um dos mais saudáveis círculos viciosos: o da motivação, que se autoperpetua por meio do prazer que ela nos incita a alcançar.

~

A motivação depende do mesmo sistema cerebral que nos proporciona prazer: quanto mais ativo for esse sistema, mais fácil será encontrar estímulos na vida. Tornar os seus dias plenos de satisfação, com lazer, um trabalho prazeroso e relações sociais e amorosas saudáveis, é uma excelente maneira de manter o sistema de recompensa ativado e alcançar a auto-estima e a motivação necessárias ao bem-estar.

Imagine-se fazendo algo que dá certo

Uma das descobertas de maior impacto da neurociência nos últimos tempos diz respeito à imaginação: ela consiste em ativar no cérebro os mesmos circuitos, as mesmas representações, que são acionadas pelos sentidos numa situação concreta. Desse modo, dependemos do córtex visual tanto para ver quanto para imaginar o rosto de uma pessoa querida ou o gráfico a incluir em um relatório. E precisamos da amígdala cerebral para vivenciar e depois evocar as sensações de alegria ou tristeza associadas à memória de alguém.

Da mesma forma, lembrar-se do que foi bom no passado ou projetar a execução de algo prazeroso no futuro próximo são ações suficientes para provocar uma ativação do sistema de recompensa. Isso significa que *pensar* que realizar uma atividade tem grandes chances de dar certo é uma fonte não só de satisfação prévia como também de motivação para seguirmos adiante. O bem-estar antecipado nos incita a agir na direção do que pode proporcioná-lo, exatamente como a cenoura na ponta de uma varinha estimula até o burrinho mais empacado a andar para alcançá-la. Pensamentos positivos concentrados em uma tarefa a executar ativam o sistema de recompensa, oferecem motivação ao cérebro e assim aumentam as suas chances de ser bem-sucedido naquela ação.

~

Evitar punições e resultados negativos como um todo é uma razão para agirmos, mas a maior motivação – e a que dá melhores resultados – é a antecipação de uma atividade que proporcione prazer. Imaginar uma situação prazerosa já é suficiente para ativar um pouco o sistema de recompensa, o que nos estimula a agir de fato. Para encontrar ânimo para terminar ou iniciar uma tarefa, imagine-se realizando-a com excelentes resultados.

Os altos e baixos ao longo do dia

A motivação de obter um pouco de prazer com as tarefas do dia é o que nos tira da cama pela manhã. Quando o sistema de recompensa está prejudicado – como num episódio de depressão, por exemplo –, fica difícil encontrarmos prazer no que estamos fazendo e, portanto, estímulo para agir.

Não é preciso, no entanto, adoecer para sofrer da falta de motivação. Acontecimentos desfavoráveis, resultados negativos e más notícias são desestimulantes por acarretarem uma redução da atividade do sistema de recompensa. Além disso, todos os dias, ao fim de muitas horas de vigília, há uma queda natural na atividade desse sistema à medida que uma substância produzida pelo próprio funcionamento do cérebro – a adenosina – se acumula. Ela impede a ação da dopamina sobre o núcleo acumbente, diminuindo tanto o prazer quanto a motivação e trazendo sonolência no fim do dia. Durante o sono, a adenosina é removida do cérebro, o que deixa o acumbente novo em folha e restaura o nosso ânimo. Por isso é tão mais fácil nos levantarmos do sofá pela manhã do que à noite. Você lerá mais sobre esse assunto no capítulo 12.

O sistema de recompensa passa também por momentos de alta sensibilidade no decorrer do dia. Boas notícias e atividades prazerosas o mantêm estimulado, o que aumenta a motivação para o cérebro continuar agindo. Um excelente estímulo é o exercício físico, que desencadeia a produção de opióides endógenos – substâncias semelhantes ao ópio produzidas pelo próprio cérebro –, deixando o núcleo acumbente mais ativo e o cérebro mais disposto para a ação.

~

Dormir bem e bastante é fundamental para recuperar a capacidade de ativação do sistema de recompensa. Se, ainda assim, você se sentir desestimulado, procure atividades com grandes chances de lhe dar satisfação e, dessa forma, aumentar a sua motivação para o resto do dia. Fazer exercício pela manhã é uma ótima maneira de intensificar a sensibilidade do sistema de recompensa e, portanto, a motivação pelas horas seguintes. Por outro lado, exercitar-se à noite reduz a preguiça noturna, mas justamente por isso não é recomendável para quem precisa dormir cedo.

Uma ajudinha sempre vai bem

O retorno positivo, ou a informação de que o comportamento foi bem-sucedido, é essencial tanto para o bem-estar quanto para o aprendizado. O prazer proporcionado pela ativação do sistema de recompensa age como retorno positivo, mas depende da capacidade que o cérebro tem de identificar sozinho quando acerta, o que nem sempre é fácil. Ao aprender uma tarefa nova, por exemplo, como saber se ela está sendo executada corretamente?

Entra em cena o elogio, com o papel fundamental de oferecer um empurrãozinho externo ao sistema de recompensa. Quando o cérebro não tem como saber por si mesmo quando acerta, um instrutor externo é fundamental, na figura de um professor, amigo ou colega que já saiba realizar a tarefa em questão ou conheça o resultado desejado e possa apontar os acertos para assim orientar o sistema de recompensa. No entanto, mesmo nas situações em que o cérebro consegue reconhecer o acerto sozinho, elogios, comemoração e aplausos o ajudam a ativar esse sistema e continuar a ser bem-sucedido.

~

É importante saber quando erramos, mas o que de fato nos move é o retorno positivo, o prazer que o cérebro encontra em acertar. Elogios são a confirmação externa para o sistema de recompensa de que o cérebro agiu da forma correta. Valorizar os bons resultados alcançados por você e pelas outras pessoas é um meio de encorajar o sistema de recompensa a proporcionar motivação para continuar a fazer aquilo que dá certo.

Nem fácil demais, nem difícil demais

Quanto tempo você consegue insistir em algo impossível? Não muito, provavelmente. Tarefas difíceis demais são desmotivantes. Elas deixam o cérebro frustrado, sem conseguir obter prazer do sistema de recompensa, e por isso são logo abandonadas.

Por outro lado, o que é excessivamente fácil também não é estimulante. Uma descoberta curiosa sobre esse assunto é que, à medida que aprendemos a realizar uma tarefa nova com mais destreza e facilidade, ela deixa aos poucos de causar a ativação do sistema de recompensa. É como se essa atividade entrasse para o repertório das "ações comuns", que não exigem esforço nem motivação especial.

Assim acontece quando aprendemos a andar, ler, escrever, dançar ou resolver equações diferenciais de cabeça: os primeiros passos e as primeiras letras são incrivelmente excitantes, mas em pouco tempo passam a ser apenas mais uma coisa que sabemos fazer sem pensar. Embora a redução do prazer e da motivação com o que se torna fácil pareça lamentável, ela é fundamental para que possamos ir adiante e dirigir os nossos interesses para novas atividades, mais complexas e muitas vezes construídas sobre habilidades já aprendidas.

Isso significa que parte do apelo para aprendermos coisas novas está em certo grau de dificuldade ou imprevisibilidade que dá ao cérebro o gostinho de se perguntar "Será que desta vez eu consigo?" e tentar. Testar a sua sorte e habilidades em busca de um prazer que não é garantido parece ser o estímulo mais forte para o sistema de recompensa. Nisto está a graça do aprendizado: é a perda do prazer com o que se torna fácil, aliada ao gosto pelo desafio do que é moderadamente complexo, que nos lança na busca do aprendizado contínuo e nos faz expandir os nossos limites. A conquista do que era difícil é uma das maiores fontes de satisfação, auto-estima e, portanto, de bem-estar.

~

Numa coreografia difícil se aprende um passo de cada vez, e mesmo o aprendizado dos passos se dá aos poucos. Se você quer realizar algo extremamente complexo, procure uma forma de dividir o desafio em tarefas menores que seja capaz de executar com mais facilidade. Quando, por outro lado, o que você faz torna-se muito fácil, tente realizar atividades mais elaboradas para continuar motivado. O cérebro tem prazer em aceitar desafios, contudo eles devem apresentar um nível de dificuldade adequado para não causarem nem indiferença nem frustração.

Descubra do que você gosta

O fato de a motivação derivar da ativação antecipada do mesmo sistema cerebral que nos dá prazer explica por que é muito mais fácil, além de agradável, fazer coisas das quais gostamos. Uma vida plena é rica em atividades e desafios que mantêm o cérebro ocupado e satisfeito.

Embora desafios intelectuais, exercício físico, comida, música, boa companhia e sexo sejam, de forma geral, bons estímulos para o sistema de recompensa, aquilo que proporciona prazer a cada um de nós depende de preferências pessoais construídas com o tempo e com base na experiência. Precisamos provar comidas novas para descobrir que sushi e dobradinha são igualmente agradáveis (ou não!) ao nosso paladar, ver filmes de todos os tipos para decidir se é Truffaut ou Spielberg quem mais mexe com o nosso cérebro, ouvir músicas de vários países e épocas para notar que a música renascentista ou o trance nos proporciona um prazer difícil de igualar.

~

Um passo importante para ter muita satisfação em sua vida é descobrir o que lhe dá contentamento, tanto no trabalho quanto no lazer. Você gosta de lidar com números, com pessoas, com palavras? Aprecia música, esportes, leitura, dança? Experimentar coisas novas é fundamental para expandir os seus horizontes e descobrir prazeres inusitados.

O prazer intrínseco da novidade

Você já se cansou de uma música ou de um tipo de comida? Por mais que gostemos de um estímulo ou de uma atividade, repeti-los sempre da mesma forma torna-os previsíveis e elimina a sua graça para o sistema de recompensa. O prazer proporcionado pela música ilustra bem essa questão. É muito agradável para o cérebro analisar e descobrir padrões na canção (como adivinhar o refrão, a entrada da bateria, antecipar a continuação da melodia), mas a música cuja estrutura é simples demais ou cujos padrões já se tornaram óbvios após muitas execuções deixa de ser estimulante.

A repetição tira a graça dos prazeres cotidianos ao diminuir a ativação dopaminérgica do sistema de recompensa quando o estímulo, expresso sempre de forma idêntica, se torna totalmente previsível. Como você viu, o que já é esperado ou fácil demais não exige o mesmo esforço do cérebro; assim, faz sentido que não proporcione muita motivação.

Novidades, ao contrário, exigem e atraem toda a atenção do

cérebro. O que é novo, inesperado ou surpreendente ativa o *locus coeruleus* (ou "local azul", assim denominado por causa da sua coloração), estrutura que desperta o cérebro e dirige o nosso interesse para aquilo que ainda não conhecemos. Além disso, aciona o sistema de recompensa, o que nos motiva a interagir com a novidade, examiná-la e entendê-la. Por este motivo o novo é tão atraente: ele fascina o sistema de recompensa e assim deixa o cérebro estimulado.

A perda de interesse pelo que já é familiar associada ao prazer intrínseco da novidade é saudável, pois faz com que o cérebro expanda os seus horizontes e as suas capacidades. Por outro lado, dela resulta o tédio, que, com o tempo, pode se instalar no trabalho, numa atividade de lazer e até nos relacionamentos amorosos que seguem sempre a mesma rotina.

É fácil, no entanto, reavivar o interesse por prazeres já conhecidos: basta lhes acrescentar um fator inusitado ou imprevisível. Pode ser um tempero exótico no bife de todo dia, um beijo diferente no namorado, um restaurante novo com os velhos amigos em um dia da semana, um procedimento inédito no trabalho, um bilhetinho no espelho do banheiro ou um passeio-surpresa com as crianças. A novidade torna prazeres habituais novamente instigantes – se forem a dois, melhor ainda.

~

Se um disco, filme ou jogo se tornam maçantes, esquecê-los no armário durante alguns meses faz com que eles voltem a ser novidade e, portanto, um prazer para o cérebro. Também está ao seu alcance usar o poder da novidade para manter o sistema de recompensa da pessoa amada interessado em você e fazer o mesmo pelo seu sistema de recompensa: realizem outros programas, viajem juntos, troquem de cinema, descubram um canto novo na cidade, façam sexo em uma cama diferente.

Cultive o humor

Um efeito colateral muito interessante do prazer proporcionado pelo inusitado é o humor. Rimos de situações que tomam uma direção imprevisível, de histórias que têm um fim surpreendente, de respostas inesperadas a frases banais. Achar graça dá trabalho ao cérebro, pois é preciso entender a situação e o seu contexto, o que seria o desdobramento natural daquela circunstância e perceber quando os acontecimentos quebram a seqüência dos eventos esperados.

No momento em que o cérebro detecta o inusitado em uma situação ou história, ele premia o seu feito com a ativação do sistema de recompensa e a resultante sensação de euforia e divertimento. Por este motivo o humor é um grande aliado do bem-estar: além de dar trabalho ao cérebro, achar graça ativa o sistema de recompensa e, como você verá adiante, torna o corpo mais capaz de se manter saudável e evitar doenças. Rir faz bem para o corpo e para o cérebro.

~

Encontre tempo no seu dia para rir, de preferência junto com amigos e outras pessoas queridas. A ativação do sistema de recompensa ajuda a estreitar os laços sociais. O riso faz tão bem ao cérebro que a expectativa de vermos um filme divertido amanhã já é suficiente para que comecemos a nos sentir melhor hoje.

O problema do prazer excessivo: vício

Seres dotados de um sistema de recompensa, como é o caso da nossa espécie, são movidos a prazer e à sua antecipação, a motivação, que faz com que pulemos de uma atividade prazerosa para a seguinte. Enquanto o sistema de recompensa funciona dentro dos seus limites naturais, alcançando o máximo de prazer possível por seus próprios meios, não há problema: trabalho, cinema, amigos, sexo, música, comida e outros divertimentos alternam-se em uma vida rica em variedade e satisfação.

Se, no entanto, o nível de ativação do sistema de recompensa é alterado, as conseqüências para o bem-estar e as atividades cotidianas são drásticas – o que não é surpresa dado o papel central desse sistema em nossas escolhas ao longo do dia. Caso ele fique ativo demais, temos sensações indevidas de prazer, que não correspondem à realidade, e tomamos decisões com um nível excessivo e perigoso de autoconfiança. Se não é ativado o bastante, sentimos dificuldade em encontrar prazer e motivação na vida – como na depressão.

Algumas substâncias químicas são capazes de passar do sangue para o cérebro e agir diretamente sobre as estruturas do sistema de recompensa, deixando-o até 10 vezes mais ativo do que seria possível pelos meios naturais. Por definição, portanto, essas substâncias proporcionam uma sensação inigualável de prazer e euforia. Esse é o "barato" das drogas, como cocaína, maconha, heroína, nicotina, álcool e cafeína – embora seja necessária uma quantidade imensa de cafeína para que se consiga o mesmo efeito de uma única dose de cocaína.

As drogas são um problema não porque causem prazer ao cérebro, e sim porque esse prazer é tão excessivo que os neurônios do sistema de recompensa protegem-se tornando-se menos sensíveis à dopamina. Quando as drogas são eliminadas do sangue e param de acionar o sistema de recompensa, este, agora menos sensível à quantidade de dopamina que normalmente o ativa, não encontra mais o mesmo prazer nas atividades comuns do cotidiano. Devido à dessensibilização, será necessária uma quantidade maior de dopamina para se alcançar a mesma satisfação de antes – e mais dopamina se obtém com uma nova dose da droga, agora mais forte porque a dose inicial já não terá o mesmo efeito. Essa segunda dose provoca prazer excessivo mais uma vez, o que acentua a perda de sensibilidade e faz com que as atividades habituais fiquem ainda menos prazerosas e motivantes – e leva ao consumo crescente da droga. Assim é preciso cada vez mais droga para cada vez menos prazer.

Como se não bastasse a redução do prazer na ausência da droga, a abstinência causa um estrago enorme ao bem-estar por levar à liberação de uma quantidade 10 vezes maior pelo cérebro do hormônio liberador de corticotrofina, que estimula as estruturas que regulam as sensações de medo e ansiedade, como a amígdala cerebral e o *locus coeruleus*. Esse processo coloca o cérebro em estado de alerta e, por meio da ativação excessiva do sistema nervoso simpático, deixa o corpo tenso, pronto para a ação, suando frio e com o coração disparado. Não é à toa que a pessoa se sente tão mal – e busca mais droga, a única coisa que, a essa altura, o seu cérebro imagina ser capaz de curar o mal-estar.

E assim o vício se instala, mudando nossas motivações, de forma que a única coisa que nos interessa e motiva, porque ainda é capaz de provocar uma ativação forte do sistema de recompensa, é mais droga.

~

Esta é uma informação que as campanhas antidrogas costumam omitir: por definição, as drogas que viciam proporcionam uma sensação incomum de prazer ao cérebro. Buscar prazer é bom, e fazemos isso todos os dias. Mas prazeres como os das drogas, que ultrapassam os limites naturais do cérebro, impõem um risco: o de que esse órgão se esqueça de tudo o que lhe era agradável antes e passe a viver somente em função do novo prazer, que é ingrato por ser autodestruidor. Abandonar um vício requer abrir mão do que talvez seja o maior prazer que o cérebro já conheceu. É um processo difícil, mas pode ser facilitado, buscando-se prazeres alternativos que sejam mais saudáveis.

Paixão, estado de motivação elevada

Se você já se sentiu apaixonado, sabe que a paixão move mundos. Em vez de ser considerada uma emoção específica, ela pode ser entendida como um estado peculiar de motivação elevada centrado em um objetivo particular: conquistar a fidelidade de um parceiro. Nesse estado, o ser amado é perfeito, e até seus defeitos são charmosos. Ele se torna o centro do universo, o foco das atenções, o que alimenta o desejo de exclusividade e fidelidade e faz com que o trabalho, a família e os amigos fiquem em segundo plano. A paixão é involuntária e incontrolável: seu objeto ocupa obsessivamente os pensamentos do indivíduo apaixonado e desperta uma "energia intensa" nessa pessoa, que faz de tudo para ficar com o ser amado e sente fissura pela sua presença, como se a paixão fosse um vício, uma verdadeira droga que se quer e da qual se precisa cada vez mais.

De fato, estudos com ressonância magnética funcional mostram imagens de ativação intensa do sistema de recompensa do cérebro apaixonado em resposta à visão do objeto da paixão. Como *imaginar* o objeto do desejo já é suficiente para dar uma "amostra grátis" do prazer por vir, a ativação do sistema de recompensa justifica toda a importância e todos os sentimentos positivos e prazerosos associados ao parceiro, bem como a disposição para abrir, por mágica, espaços na agenda para encontrar essa pessoa especial.

Assim como se deseja mais de uma droga que já não dá o mesmo prazer, a fissura pela presença do ser amado não passa nem mesmo quando ele nos rejeita. Do mesmo modo que o sistema de recompensa fica ainda mais excitado em antecipação à droga durante a abstinência, pensar no ex-parceiro ainda desejado ou admirar uma foto sua faz com que esse sistema entre em polvorosa, com uma ativação intensa do núcleo acumbente, semelhante àquela que se observa nos dependentes de álcool quando, em tempos de abstinência, eles vêem um copo com bebida. Não é à toa que, durante a fase de inconformismo, a pessoa apaixonada é capaz de tudo para reconquistar o ser amado. A paixão pode ser um vício saudável para o cérebro, proporcionando felicidade enquanto é correspondida. Mas, quando frustrada, gera ansiedade e infelicidade de modo semelhante à abstinência de uma droga.

~

A paixão é um estado de alta motivação que difere do vício das drogas por ser causada pelo próprio cérebro – o que, aliás, a torna um prazer muito mais seguro, que respeita os limites desse órgão. A paixão não correspondida, no entanto, é perturbadora como um vício e pode ser encarada como tal: para superá-la, é preciso abstinência, tempo e outros prazeres mais saudáveis.

O lado bom das compras

Para os surfistas, "não há nada que um dia de surfe não cure". O lema dos consumistas é bem parecido: "Não há nada que um dia de compras não cure." É verdade que, por um lado, o consumo – o ato de trocarmos o nosso trabalho por bens produzidos por outras pessoas – pode ser entendido como o fato de ficarmos com menos dinheiro no bolso, o que dificilmente é considerado algo bom. Mas, por outra perspectiva, o consumo é um prêmio externo que o cérebro oferece a si mesmo, um agrado que lhe dá prazer de algum modo: nutricional, estético, físico, intelectual ou simplesmente o prazer da novidade.

Se o dinheiro é a moeda de troca do trabalho de uma pessoa pelo produto do trabalho de outras, na forma de bens e serviços que também podem proporcionar prazer, é necessário ter dinheiro para comprar prazeres produzidos pelos outros. De fato, estudos comparando a renda média e o nível de felicidade pessoal em vários países mostram que possuir dinheiro suficiente para comprar suas necessidades pessoais – alimento, segurança, cuidados de saúde – e os pequenos prazeres cotidianos é fundamental para o bem-estar (ainda que todas essas pesquisas revelem que ter mais dinheiro do que o suficiente não baste para trazer felicidade). Ir às compras pode ser um prazer, sobretudo quando você deseja e antecipa esse prazer.

Fazer compras é uma ótima contribuição para o bem-estar, a não ser, é claro, que isso se torne um problema: um vício, um escape, uma tentativa frustrada de obter satisfação com objetos que não atendem de fato as preferências e os desejos pessoais, um custo maior do que pode ser arcado, um impulso que o cérebro tenta mas não consegue controlar. Embora o ato de comprar preste uma colaboração valiosa para o bem-estar ao proporcionar prazeres à vida cotidiana – pense nos livros, filmes e xampus que deixam você feliz –, o consumo descontrolado pode ser um problema para o bem-estar.

~

Fazer compras é um prazer que custa dinheiro, ou seja, trabalho. O consumo contribui para o bem-estar quando proporciona mais prazer do que problemas. Se, no entanto, ele custa mais em dinheiro e preocupação ao cérebro do que lhe faz bem, acaba se tornando prejudicial. Conhecer e respeitar os seus gostos e limites financeiros é um bom caminho para fazer da compra de prazeres mais um benefício que o seu cérebro pode lhe oferecer em troca do seu próprio trabalho.

O peso do prazer na hora das decisões

Como você viu, as amostras de prazer antecipado que o sistema de recompensa nos proporciona quando contemplamos possibilidades – em relações pessoais, trabalhos, atividades de lazer – pesam muito na balança das decisões que tomamos ao longo do dia. Três sistemas cerebrais, que sempre funcionam paralelamente, formam essa balança. Um deles é o córtex pré-frontal, um controlador executivo que mantém acessíveis os objetivos de curto, médio e longo prazos, como uma agenda de tarefas. O segundo sistema é um avaliador de riscos: pesa a chance que cada ação tem de dar errado ou apresentar resultados desagradáveis e age como um freio contra as más idéias. O outro sistema é o de recompensa, que faz o contrário: ao nos premiar com uma sensação de prazer e satisfação quando somos bem-sucedidos numa ação ou quando imaginamos a possibilidade de realizar algo que tem grandes chances de dar certo, ele atua como um acelerador que nos impulsiona a agir.

Cada decisão depende, portanto, do resultado dessa balança de três pratos, que pesa aquilo que sabemos que é necessário fazer; quanto antecipamos que isso possa ser ruim; e quanto antecipamos que possa ser bom. O prato mais pesado assume a direção do comportamento pelos instantes seguintes. No entanto, mesmo depois de tomada a decisão, passar à ação sempre requer certo grau de motivação positiva: a antecipação de que a escolha feita seja acertada e ofereça alguma satisfação, algum bem-estar, ao cérebro.

~

A capacidade de sentir prazer com o que fazemos e antecipá-lo em resposta ao simples pensamento é fundamental para as sensações de satisfação, auto-estima elevada e felicidade que contribuem para o bem-estar. Identificar e cultivar os seus prazeres são passos importantes para manter o sistema de recompensa ativo e saudável, capaz de exercer uma influência positiva nas suas decisões, das mais simples às mais complexas.

CAPÍTULO 3

Ouça as suas emoções

Como seria a nossa vida sem as emoções? Apenas sem graça, desprovida de cores e nuances, alegria ou tristeza? Provavelmente, seria bem pior do que isso. A neurociência aceita que as emoções são a maneira rápida de o corpo, orientado pelo cérebro, expressar e salientar eventos que têm impacto, bom ou ruim, sobre a nossa vida. Assim, somos capazes de saber que uma situação nos afeta – através das alterações emocionais no corpo – antes mesmo de compreendermos *por que* ela exerce esse efeito sobre nós. Isso torna as emoções um meio rápido e eficiente de chamar a nossa atenção para questões importantes e fazer com que elas sejam resolvidas da melhor forma possível pelo cérebro – ainda que ele ainda não consiga explicar racionalmente por que tal assunto é relevante.

Tudo começa no cérebro

Diz a lenda que pensamos com o cérebro e sentimos com o coração. De certa forma, é verdade: a sensação das emoções depende diretamente de como o corpo muda com elas. Tente imaginar o medo sem o aperto no peito, a paixão sem aquela sensação indescritível na barriga ou a ansiedade sem a impressão de que o coração está batendo na boca, e você concordará que, no mínimo, as emoções precisam do corpo para serem sentidas em toda a sua glória.

No entanto, elas vêm do cérebro. As emoções são um conjunto de alterações provocadas por esse órgão nele mesmo e também no corpo em resposta às mais variadas situações ou, às vezes, à simples visão ou lembrança de uma pessoa, de um animal ou de um objeto. A primeira conseqüência dessa resposta é que nos tornamos mais aptos a lidar com o que está acontecendo. Ficamos mais atentos ou relaxados, receptivos ou hostis, tranqüilos ou em pânico, por exemplo, conforme o cérebro julgar mais adequado.

Como situações diferentes desencadeiam respostas distintas no cérebro e no corpo, mas situações semelhantes produzem respostas iguais, essas reações – o coração disparado ou mais lento, a pele mais quente ou fria, os órgãos internos contraídos ou distendidos – acabam servindo como marcadores para o próprio cérebro. Se você sempre fica com as mãos frias e úmidas e o coração batendo mais rápido quando está apreensivo e temendo as conseqüências de uma decisão a tomar, o seu cérebro entenderá que você está ansioso toda vez que o seu corpo se apresentar assim e se comportará de acordo com esse padrão. De fato, isso pode se tornar um problema, como nos transtornos de ansiedade – mas, na maioria das vezes, é uma bênção. Com esses marcadores corporais para as emoções, ou "marcadores somáticos", termo cunhado pelo neurologista António Damásio, especialista no assunto, o cérebro tem um ótimo atalho para entender o que está acontecendo e agir de modo compatível, sem precisar perder tempo com análises complicadas da situação.

~

As emoções, sempre consideradas irracionais, são, na verdade, produto da lógica do mesmo cérebro que pensa racionalmente. Como você verá neste capítulo, elas são a expressão da primeira avaliação que o cérebro faz de cada situação, baseado em suas experiências anteriores e antes de ter tempo de ponderar de modo consciente todos os prós e contras. Sim, você sente emoções com o corpo – mas elas são causadas e detectadas pelo cérebro. Dar ouvidos às suas emoções permite que você aprenda a entender não só o seu significado como também a maneira como o seu próprio cérebro funciona.

Microfones pelo corpo

Como você sabe quando sente medo, alegria, surpresa, raiva ou desgosto? Como identifica se o seu problema é tristeza, frustração ou vergonha? É preciso pensar racionalmente para entender o que causou a emoção e como ela afeta o seu comportamento, mas, para saber se se trata de medo ou tristeza, o cérebro consulta as bases: o corpo.

Todas as modificações no estado fisiológico do corpo, como você viu no capítulo 1, são monitoradas pelos nervos que servem à interocepção. É evidente que esse estado fisiológico muda de acordo com o que estamos fazendo: quando corremos, por exemplo, o corpo se aquece, consome as reservas de energia, tensiona os músculos e acelera os ritmos do coração e da respiração.

Menos óbvio, no entanto, é o fato de que a fisiologia do corpo acompanha também a mente e se altera de acordo com a circunstância em que o cérebro se vê envolvido. Se estamos em risco, a freqüência cardíaca e a pressão arterial sobem e a palma das mãos fica úmida; quando recebemos uma notícia catastrófica, a pressão despenca; se precisamos agir rapidamente, começamos a queimar gordura para jogar açúcar no sangue e desviar o sangue das vísceras para os músculos. Ou seja, o corpo se emociona – se move, segundo a palavra grega original – à medida que o cérebro passa pelas situações da vida.

A base das emoções, portanto, são essas mudanças no estado fisiológico do corpo que são tanto causadas quanto monitoradas ininterruptamente pelo cérebro. Elas indicam, por exemplo, que estamos gastando energia para fugir correndo de uma situação perigosa; que estamos, ao contrário, congelados frente a uma circunstância ambígua que exige uma decisão; que uma bela música ou pintura nos toca profundamente, ainda que não saibamos por quê.

Tudo o que nos emociona desperta reações no corpo. Não é simples descrever nem quantificar essas reações, como você pode constatar se tentar explicar em palavras o que é a sensação de prazer ou de alegria. Ainda assim, o cérebro é especialista em acompanhar o estado fisiológico do corpo, "ler" nele as conseqüências do que vivemos e usar essas informações para tomar as suas próximas decisões e traçar o nosso caminho.

~

O corpo é um palco onde o cérebro encena as suas avaliações, expectativas e preocupações e é também onde ensaia e prepara as suas respostas. No entanto, boa parte desse processo acontece de maneira rápida e automática, sem o nosso conhecimento ou a nossa avaliação racional. Os indicadores do andamento dessas ações são os seus próprios efeitos sobre o corpo – as emoções. Por isso, aprender a reconhecer racionalmente no corpo as suas próprias emoções é fundamental para que você adquira autoconhecimento e entenda a lógica de operação do seu cérebro.

As vantagens de uma primeira opinião rápida

Então você sente e identifica emoções à medida que o cérebro provoca alterações no estado fisiológico do corpo e as monitora. Que diferença isso faz? A resposta é simples: toda a diferença.

Faz pouco tempo que a neurociência passou a reconhecer que as emoções são essenciais para tomarmos boas decisões. E mais: hoje se acredita que elas não são ilógicas, o oposto da racionalidade. Ao contrário, as emoções são a demonstração mais rápida da lógica fundamental do cérebro de cada pessoa, provocadas no corpo com base nas experiências anteriores daquele indivíduo em particular. Como as estruturas cerebrais envolvidas que formam o sistema límbico têm acesso privilegiado à memória de situações anteriores parecidas, uma resposta emocional pode ser dada a cada caso bem antes que elaborações racionais tenham tempo de acontecer.

Rápidas e pessoais, as emoções representam a primeira opinião do cérebro sobre um assunto – qualquer que ele seja. Assim, desde o começo, direcionam o nosso comportamento, fazendo-nos preferir um ou outro curso de ação, mesmo que ainda não saibamos explicar por quê. Essa rapidez, sempre baseada no banco de dados disponível na memória, torna possível resolver em tempo hábil questões que seriam proibitivamente demoradas, caso todas as variáveis envolvidas fossem processadas de modo racional.

Isso ocorre, por exemplo, quando escolhemos o caminho a seguir de carro. Racionalmente, podemos considerar a hora do dia, o tempo de que dispomos, a distância de cada alternativa, a chance de engarrafamento, a probabilidade de assalto, a beleza do trajeto e as condições meteorológicas no momento. Tudo isso é possível – mas, por sorte, não é necessário quando temos apenas alguns segundos para decidir enquanto nos aproximamos da agulha na pista. Sempre ativo, seja ele requisitado ou não, o sistema límbico consulta o "banco de dados" de situações anteriores e logo manifesta a sua preferência para as partes do cérebro que quiserem ouvir. Você pode não tomar conhecimento da lógica por trás da decisão, mas ela está lá, e é a *sua* lógica, baseada nas *suas* experiências e usada pelo *seu* cérebro. Explicar por que você opta por determinado caminho é um problema para depois – *se* for preciso explicar.

~

As emoções são a primeira opinião que o cérebro emite sobre um assunto, baseado em toda a experiência que acumulou ao longo dos anos. Por isso, ainda que pareça paradoxal, elas são perfeitamente lógicas. Como são rápidas e personalizadas, são valiosas, sobretudo quando o tempo é curto. Aprenda, portanto, a ouvir a primeira opinião que o seu cérebro lhe oferece sobre questões diversas: um filme, uma pessoa que você acabou de conhecer, uma escolha simples ou complexa a fazer. Essa primeira opinião é o resultado do processamento ultra-rápido de todas as suas experiências anteriores com o assunto.

Aprenda a ouvir o seu corpo

As alterações e os ajustes necessários para manter o corpo no estado ideal de funcionamento acontecem automaticamente sem que tenhamos que nos preocupar com isso – o que é ótimo. Não é preciso estar ciente da freqüência cardíaca para decidir se ela deve aumentar para você subir uma escada ou diminuir para você adormecer, nem ordenar conscientemente ao estômago que inicie os movimentos peristálticos que favorecem a digestão. Mesmo assim, aprender a ouvir o corpo pode ser ótimo. A começar pelo básico: talvez você estivesse com as calças sujas neste momento se, lá pelos dois anos de idade, não tivesse aprendido – com a ajuda dos seus pais – a prestar atenção nos chamados do seu corpo.

Estímulos suaves nos órgãos internos, como movimentos do trato gastrintestinal ou distensão da bexiga, são detectados pelo cérebro e provocam uma resposta de alerta, mas eles não são identificados de modo consciente por quem não está esperando por isso. No entanto, um aviso (feedback) verbal sobre o estímulo pode bastar para que a pessoa se torne cada vez mais sensível a ele e passe a percebê-lo tão logo ele aconteça. Foi o que os nossos pais fizeram conosco. Isso mostra que é possível passarmos a perceber as alterações fisiológicas do corpo de maneira consciente e usá-las como nos convier. Assim, aprendemos a antecipar quando precisaremos correr para o banheiro e a evitar comidas inadequadas quando o estômago está inchado com gases, por exemplo.

Esse é o princípio das técnicas de biofeedback, que nos ensinam a ouvir o corpo e usar em benefício próprio as informações que obtemos. Podemos aplicá-las, por exemplo, para gerenciar o estresse, lidar com a hiperatividade ou induzir o relaxamento dos músculos. Também somos capazes de aprender a acompanhar os nossos batimentos cardíacos sem que precisemos tomar o pulso nem apalpar as artérias no pescoço. Curiosamente, os homens costumam ter mais facilidade nessa tarefa do que as mulheres, talvez porque, em média, eles possuam um índice menor de gordura corporal, que abafa a repercussão das batidas do coração. Pessoas de ambos os sexos que estão muito acima do peso apresentam dificuldade em detectar os seus batimentos cardíacos.

É mais fácil ouvir o nosso corpo quando não estamos prestando atenção no mundo externo. Os sistemas cerebrais que nos colocam em alerta e facilitam a chegada de informações visuais, auditivas e proprioceptivas (sobre a posição do corpo) parecem inibir o processamento das informações sobre o estado fisiológico do corpo. Para detectá-las, portanto, é preciso relaxar e nos desligar do mundo exterior – como no ioga e na meditação. Vários estudos indicam que é mais fácil monitorar o coração de modo consciente quando estamos deitados do que sentados e que é especialmente difícil fazer isso quando estamos de pé.

Em princípio, toda informação a respeito do estado fisiológico do corpo pode ser tornar consciente e ser percebida. Feche os olhos e experimente "ler" o seu corpo: acompanhe os batimentos cardíacos, a respiração, o grau de distensão do trato digestivo, a temperatura da pele. Embora o cérebro faça isso automaticamente o tempo todo, você precisa se concentrar no seu corpo para tomar ciência dele e, portanto, das suas próprias emoções. Vá além e adquira o hábito de se perguntar várias vezes por dia sobre as suas emoções: você está triste, alegre, chateado, frustrado, motivado, desanimado?

Conheça as suas emoções

Como a expressão das emoções pelo cérebro é um processo automático que não requer supervisão atenta, podemos experimentar emoções durante toda a vida sem nos interessarmos em conhecê-las de modo consciente. Para que se preocupar com a temperatura da pele ou com a freqüência cardíaca e entender se você está frustrado, com raiva, decepcionado ou as três coisas ao mesmo tempo se o cérebro consegue ajustar o seu comportamento a tudo isso enquanto você pensa em outras coisas?

Há duas vantagens em ouvir conscientemente o corpo, requisito para conhecer as emoções. A primeira é o autoconhecimento: a compreensão dos processos internos e da lógica do próprio cérebro. Graças a ele, obtemos a segunda vantagem: a possibilidade de interferir no curso do comportamento e das próprias emoções. O autoconhecimento nos dá a liberdade de não nos deixarmos guiar pelas emoções quando isso não for racionalmente apropriado.

Conhecer as nossas emoções e entender as suas origens é fundamental para ficarmos de bem com o cérebro. Saber o que nos deixa com raiva, por exemplo, não só ajuda a evitar a causa dessa emoção no futuro como também torna possível lidar com ela e até exorcizá-la. O motivo é simples: para reprimir o tom irado na voz, não ser grosseiro e até para conseguir se acalmar, é preciso estar consciente da raiva. Os benefícios são evidentes, pois, a não ser que a sua intenção seja impor medo ao outro ou fazer com que ele se afaste, controlar o tom da voz costuma ser mais produtivo do que perder a cabeça e gritar – mesmo quando você tem razão. Isso também vale para outras emoções. Descubra o que o deixa feliz e assim será mais fácil encher a sua vida de alegria.

No cérebro há sistemas diferentes que expressam as emoções (a amígdala e o hipotálamo, no sistema límbico), que cuidam de avaliá-las (o córtex da ínsula) e de usá-las para orientar o comportamento (o córtex órbito-frontal). Tudo isso acontece de modo automático sem que precisemos estar atentos ao processo. Mas todas essas ações podem se tornar conscientes se passarem a ser o foco da nossa atenção – e, a partir desse momento, temos como interferir racionalmente nas emoções. Por isso, a liberdade de seguir ou não as emoções só fica ao nosso alcance quando tomamos consciência delas. É apenas quando você percebe a sua tristeza ou amargura que você se torna capaz de mudar de atitude, tomar providências, pensar em outro assunto e parar de chorar, por exemplo. Notar e avaliar as emoções de modo racional nos deixa mais flexíveis – e essa flexibilidade para alterar o próprio comportamento é uma das características mais notáveis do ser humano.

~

Explore as suas emoções. O primeiro passo para estabelecer uma relação mais saudável consigo mesmo e com os outros é saber o que você está sentindo e entender por quê. Se você quer mudar a sua vida, comece identificando o que precisa ser alterado. Descubra o que o deixa feliz, angustiado, raivoso, maravilhado e será mais fácil encher os seus dias de sensações positivas.

Consulte o seu corpo antes de tomar decisões

Como você já sabe, não são apenas situações reais que provocam mudanças no corpo. Pensamentos, como qualquer outro produto do funcionamento do cérebro, desencadeiam respostas emocionais do corpo tão bem quanto a realidade correspondente. Imagine-se ao lado da pessoa amada ou considere a possibilidade de ela estar envolvida em uma catástrofe, e o seu cérebro e o seu corpo começarão a reagir como se a situação fosse real. A razão para a semelhança é o fato de que os mesmos sistemas cerebrais são acionados quando vivenciamos uma situação, nos lembramos dela ou fazemos a sua projeção no futuro. Para que serve isso?

Vejamos. Na hora de adquirir um carro, você se sentiria melhor trocando as suas economias por um automóvel novo, mais caro, que dificilmente o deixará na mão em uma rua deserta à noite, ou comprando um modelo usado, mais barato, que não consumirá toda a sua poupança, mas que pode enguiçar sem aviso prévio? Contas racionais à parte, a sua decisão será influenciada conforme você ficar mais ou menos apavorado com a idéia de ficar com pouco dinheiro no banco e a possibilidade de o carro quebrar quando você estiver sozinho ou com os seus filhos pequenos ou conforme você sentir mais ou menos prazer ao se imaginar em um automóvel zero quilômetro. Por sua vez, essas emoções dependerão do seu histórico pessoal em relação a filhos, enguiços, assaltos e saldo bancário. Ainda que tenham condições financeiras idênticas, pessoas diferentes tomarão decisões distintas, que refletem a posição emocional do seu cérebro a respeito do assunto.

A imaginação é uma excelente aliada, pois nos dá a oportunidade de experimentar situações que ainda não são reais, mas que podem vir a ser. As respostas emocionais provocadas pela imaginação de resultados alternativos são fundamentais na hora de tomarmos decisões. Mais do que isso, essas reações nos impelem a buscar o que nos dará prazer (um carro novo e seguro, por exemplo), nos afastam de situações arriscadas (como as que colocam os filhos em perigo) e nos preparam para eventualidades, quando teremos uma idéia de como agir em vez de ficarmos atônitos, paralisados.

~

Se você precisa tomar uma decisão importante, visualize-se em situações alternativas e consulte o seu corpo sobre o resultado. Como a lógica emocional é a mesma quando imaginamos ou vivenciamos uma situação, a hipótese que o deixar mais feliz será, provavelmente, a que terá mais chances de seguir a lógica interna do seu cérebro e de deixá-lo satisfeito na vida real.

Intuição existe

A "primeira opinião rápida e personalizada" que o cérebro nos oferece em situações em que há risco de erro com conseqüências graves é tão importante que muitas pessoas lhe dão um nome especial: intuição.

A intuição, ou o aviso de que algo ruim pode acontecer se tal ação for executada, envolve uma região cerebral especializada em se antecipar aos acontecimentos e disparar alarmes quando alguma coisa pode dar errado: o córtex cingulado anterior, na face medial do cérebro, entre os hemisférios esquerdo e direito. O cingulado anterior aprende com a experiência a detectar situações que apresentam grande chance de erro ou complicações e, então, alertar o restante do cérebro – e o corpo – sobre isso, mesmo que não saibamos conscientemente o que acionou o alarme. O "pressentimento", ou intuição, é essa sensação de alerta, uma resposta aguda ao estresse antecipado associada de forma consciente ou não a algo específico. Pode ser um aperto no peito quando uma pessoa mal-encarada entra no ônibus, a angústia de sonhar que seu avião vai cair ou o mal-estar que um rosto desconhecido provoca.

A intuição passa em branco muitas vezes, quando o cingulado anterior erra, dá o alarme – e nada acontece. Essas falhas são rapidamente esquecidas, se é que chegam a ser notadas. No entanto, os acertos eventuais são tão importantes, dado o seu valor para a nossa sobrevivência, que são premiados pelo sistema de recompensa com uma sensação de sucesso: "Eu sabia que isso ia acontecer."[1] O prazer do acerto é também um ótimo estímulo não só para que o cérebro permaneça tentando acertar como também para que continuemos a dar ouvidos às intuições.

Como é construída sobre todas as experiências anteriores do cérebro, a intuição é uma primeira resposta valiosa por sua rapidez e poder preditivo – ainda que não acerte sempre. O jornalista norte-americano Malcolm Gladwell, em *Blink – A decisão num piscar de olhos*, ressalta a superioridade da intuição sobre os métodos objetivos, que podem ser enganados pela tecnologia, quando especialistas avaliam quais obras de arte são falsificações.

---

[1] Esta é, por exemplo, a explicação mais simples para os sonhos premonitórios: como geralmente sonhamos com preocupações reais que temos no momento – provas, viagens, cirurgias –, é provável que um sonho entre muitos acabe "acertando" o desfecho eventual de uma dessas situações. Desse sonho nós nos lembramos, enquanto relegamos ao esquecimento todos os outros que não se realizam.

Ouça a sua intuição. Os seus impulsos emocionais foram treinados ao longo de toda a sua vida, a partir das suas experiências, para lhe servir de orientação. Se "algo" lhe diz que alguma coisa está errada em uma situação, esse "algo" é fruto das suas vivências anteriores – mesmo que você ainda não saiba o que é ou esteja eventualmente equivocado. Mas atenção: ouvir a intuição não significa agir de forma impulsiva, e sim investigar as circunstâncias em que ela dispara alarmes. Decisões sábias combinam o conhecimento das respostas emocionais com um bom controle dos impulsos.

Saiba a hora de ser racional

Engana-se quem pensa que toma decisões sempre consciente de todos os fatores ou que precisa ser puramente racional para fazer boas escolhas. Muitos neurocientistas já deixaram claro que a primeira resposta emocional do cérebro é uma orientação preciosa para a tomada de decisões, inclusive daquelas que pareciam ser as que mais se beneficiariam de um raciocínio apenas matemático: as decisões financeiras.

Enquanto a porção mais anterior, pré-frontal, do cérebro analisa as evidências, estatísticas e projeções matemáticas ao considerar uma escolha a fazer, o sistema límbico consulta rapidamente experiências anteriores semelhantes. Se não encontrar nada parecido, ele não se manifesta. Mas, se encontrar, provoca uma emoção – ansiedade antecipada por medo de errar, por exemplo – que influencia a tomada de decisão e pode nos manter longe do perigo, mesmo que a emoção passe despercebida. Essa ansiedade antecipada, consciente ou ainda inconsciente, é fundamental para orientar boas decisões financeiras. No caso de pacientes com lesões na amígdala[2] cerebral, estrutura que causa a ansiedade antecipada, ou no córtex órbito-frontal, sistema que usa essa emoção para guiar as decisões, a inteligência é preservada – e, ainda assim, eles perdem o seu dinheiro em más decisões financeiras. O problema é que essas pessoas deixaram de ter medo: não suam frio ao considerar uma alternativa desfavorável ou arriscada, não conseguem antecipar as conseqüências (boas ou ruins) de suas decisões nem fazer escolhas acertadas, mesmo que saibam racionalmente quais são as contingências envolvidas. O medo, quem diria, é um grande aliado no mundo dos negócios. O desgosto também: essa emoção nos faz, por exemplo, recusar ofertas financeiras injustas, ainda que isso signifique deixar de ganhar dinheiro, e assim contribuímos para uma sociedade com relações econômicas mais saudáveis.

Claro que a primeira opinião emocional do cérebro nem sempre será acertada nem a melhor para uma ocasião; isso deve ser julgado pelo córtex pré-frontal, que tem a capacidade de vetar comportamentos e controlar os nossos impulsos de acordo com a ocasião – e assim, de modo geral, nos impedir de fazer besteiras. Ouvir as emoções não significa ser impulsivo.

Contar com uma opinião emocional rápida é ótimo quando o tempo é curto, mas a orientação emocional é útil também quando o tempo não é um problema. Um estudo holandês mostrou que as melhores decisões complexas – sobre qual carro comprar, por exemplo – são tomadas quando se pára de pensar racionalmente no assunto. A razão para isso é que só conseguimos prestar atenção e, portanto, considerar de maneira consciente um pequeno número de informações de cada vez – em torno de sete. Mas, longe da supervisão atencional, o cérebro é capaz de pro-

---

[2] Atenção, essa é a amígdala do cérebro! Para evitar confusões, a denominação médica oficial para as amígdalas da garganta passou a ser "tonsilas".

cessar todos os dados disponíveis e ainda combiná-los com as nossas experiências e preferências pessoais. Enquanto não estamos olhando, ele chega a uma opinião que é, entre outras coisas, emocionalmente agradável e que por isso tem grandes chances de nos deixar feliz.

Surpreendentemente, as emoções orientam também o julgamento moral. Certo e errado, como foi demonstrado recentemente, não são questões puramente racionais, que possamos resolver levando em conta apenas o bem maior ou o que é correto em termos éticos. O impacto emocional de uma questão difícil pode fazer toda a diferença sobre o nosso julgamento. A maioria das pessoas, por exemplo, não empurraria um homem sobre os trilhos de um trem para salvar os passageiros dentro dos vagões – o envolvimento emocional seria muito grande –, mas talvez aceitasse não impedir que esse indivíduo fosse sacrificado se ele já estivesse sobre os trilhos. Há pouco tempo se descobriu que lesões no córtex órbito-frontal, sistema que permite que as emoções guiem as decisões do córtex pré-frontal, tornam os julgamentos morais preocupantemente utilitários: pessoas que apresentam esse tipo de lesão não hesitam em matar alguém – nem mesmo um bebê – se isso permite salvar outras vidas, como no dilema do trem. "O coração tem razões que a própria razão desconhece", afirmou Blaise Pascal. Mas hoje o mais correto seria dizer: "O cérebro tem razões (emocionais) que o próprio cérebro desconhece."

~

Aprenda a usar a capacidade decisória inconsciente do seu cérebro. Quando tiver decisões complexas a tomar, tente parar de pensar um pouco no assunto e dê tempo ao cérebro para processar todas as variáveis. A conclusão pode ser surpreendentemente fácil, e você terá muito mais chances de ficar feliz com a sua escolha.

CAPÍTULO 4

Sorria e busque a felicidade

Pode até parecer que ela vem mais facilmente para umas pessoas do que para outras, mas acredite: a felicidade não é uma bênção, obra do destino nem fruto do acaso ou de contingências e circunstâncias externas. A felicidade se conquista. Os pensadores gregos já a relacionavam a atitudes corretas: "A felicidade é conseqüência de uma atitude", escreveu Aristóteles, que considerava essa emoção, ou estado de espírito, algo que chega àquele que sabe fazer sempre o melhor possível de acordo com as suas possibilidades e as oportunidades que a vida lhe oferece. Assim, o segredo da felicidade estaria em uma postura ativa e sábia diante da vida.

Não é razoável, muito menos saudável, no entanto, esperar que a felicidade seja um estado permanente: alcançar o bem-estar não significa estar feliz o tempo todo, e sim ter saúde mental (e física) para se sentir feliz quando for apropriado ficar feliz – e triste quando for adequado ficar triste.

Claro, felicidade gera felicidade, e é bem mais fácil buscá-la na vida quando já se tem uma atitude positiva, como você verá mais adiante. Os benefícios que ela proporciona não se limitam ao cérebro: encontrar alegria é uma excelente maneira de combater o estresse e promover o bem-estar do corpo.

A felicidade começa no cérebro

Assim como o prazer não é a ausência de dor e o bem-estar não é a ausência de mal-estar, a felicidade não é a ausência de infelicidade. Possuímos uma série de sistemas cerebrais responsáveis por provocar ativamente o bem-estar, o prazer e a felicidade, como as estruturas do sistema de recompensa. A felicidade tem a sua "assinatura cerebral": emoções positivas inibem o córtex cingulado anterior – um centro de alarme cerebral, como você já viu – e provocam maior atividade elétrica no lado esquerdo do córtex frontal.

Uma vez que o cérebro constata que tudo está dando certo, a felicidade se espalha pelo corpo. O prazer resultante de um trabalho bem-feito, do toque da pessoa amada, de um presente inesperado ou de uma piada engraçada se manifesta à medida que a freqüência cardíaca se acelera, a temperatura do corpo aumenta ligeiramente, a pele se umedece e a musculatura relaxa. O sorriso, expressão mais evidente do bem-estar, surge de imediato. Quando é genuíno, ele parte das regiões do córtex cerebral que cuidam de programas motores – aqueles conjuntos de movimentos que, por meio da repetição, aprendemos a fazer sem pensar. O músculo zigomático eleva os cantos da boca, o músculo orbicular dos olhos aperta levemente as pálpebras e o músculo corrugador da testa, que arqueia as sobrancelhas quando há medo ou espanto, relaxa. Além disso, é acionado o córtex órbito-frontal, que registra a ocorrência de bons acontecimentos, como a causa do sorriso, por exemplo. O aparecimento do sorriso genuíno coincide com o aumento da atividade da região frontal esquerda, associada à felicidade.

O sorriso forçado, aquele que damos tantas vezes para a câmera, é diferente. Ele parte da região do córtex cerebral responsável pelos movimentos voluntários simples do rosto, que contraem o músculo zigomático, elevando os cantos da boca, mas não acionam o músculo orbicular. Sem as ruguinhas nos cantos dos olhos, fica evidente que o sorriso não é genuíno. E essa diferença também é notada por dentro: ao contrário do sorriso verdadeiro, que surge quando achamos graça, os sorrisos voluntários não provocam a ativação do córtex órbito-frontal; portanto, não dizem ao cérebro que algo particularmente bom aconteceu. Isso significa que podemos até sorrir por fora, mas o nosso cérebro sabe que não estamos sorrindo por dentro.

~

Embora a felicidade comece no cérebro, ela precisa se expressar no corpo e se estampar em um sorriso para que você tenha a sensação plena de felicidade. Preste atenção no seu rosto ao longo do dia. Você sorri com freqüência? Sabe identificar o que o deixa feliz? Descubra o que o faz sorrir e busque isso para a sua vida.

A felicidade é contagiosa

O cérebro faz o corpo expressar felicidade, mas uma manifestação de felicidade também pode deixar o cérebro feliz. Segundo o psicólogo Paul Ekman, especialista e pioneiro no estudo das emoções, adotar a expressão facial de uma emoção pode bastar para produzir no corpo as alterações fisiológicas normalmente associadas a ela. Ou seja, adote um semblante de medo, e o seu corpo manifestará medo; ilumine o seu rosto com uma expressão de felicidade genuína, contraindo o músculo orbicular das pálpebras, e o seu corpo começará a se preparar para essa emoção. Sorrir traz felicidade, mas só o sorriso verdadeiro consegue fazer isso. Ekman descobriu que, quanto mais os voluntários que participavam de seu estudo aprendiam a dominar os músculos orbiculares e assim a literalmente sorrir com os olhos, mais sentiam um bom humor que nem eles conseguiam explicar. Isso também se aplica à postura corporal, como se descobriu depois.

Ver alguém sorrir proporciona um efeito idêntico, pois ativa as mesmas áreas do cérebro que são acionadas quando nós mesmos sorrimos. Elas incluem regiões corticais motoras, provavelmente responsáveis pela ação do sorriso, além do córtex da ínsula anterior, que responde pelas sensações subjetivas do corpo, como o bem-estar associado ao sorriso. Por isso, ver uma pessoa sorrindo pode ser suficiente para nos fazer sentir que estamos sorrindo por dentro também.

A capacidade que a expressão facial e a postura corporal têm de contaminar as emoções alheias fez um sentido especial quando se descobriu, no começo do século XXI, que a imitação das ações alheias, uma função dos chamados "neurônios-espelho", é a base para o entendimento das intenções do outro e para a empatia. Quando você vê alguém sorrindo, os seus neurônios-espelho provocam as contrações musculares necessárias para que você imite, ou espelhe, a expressão da pessoa. Adotar uma expressão facial de felicidade, como você viu, faz o corpo passar pelas demais alterações correspondentes à felicidade, talvez por meio da ativação das estruturas límbicas que regulam essa emoção. Como resultado, você é contaminado pela emoção do outro, entende o que ele está sentindo – e sente junto com ele. A felicidade é contagiosa.

~

Quando o mundo lhe sorri, você sorri automaticamente de volta, e esse simples ato já prepara o corpo para a felicidade. Além disso, como o sorriso é contagioso, a felicidade estampada em seu rosto contamina os seus vizinhos e aumenta as chances que eles têm de sorrir. Assim se forma um círculo vicioso dos mais saudáveis. Procure estar próximo a pessoas felizes e seja uma companhia feliz para elas também.

Sorriso, tratamento de beleza instantâneo

O cérebro conta com um detector de beleza embutido em seu sistema de recompensa: temos neurônios que indicam para as demais estruturas cerebrais interessadas que estamos diante de alguém saudável, com proporções corporais harmoniosas, de rosto simétrico e com características dignas de atenção – como queixo largo nos homens e lábios carnudos nas mulheres, por exemplo. Possuímos neurônios desse tipo no núcleo acumbente, a estrutura principal do sistema de recompensa,[1] e também no córtex órbito-frontal, a região do córtex situada logo acima dos olhos, que guarda um registro de tudo o que é positivo.

Pois bem, os neurônios do córtex órbito-frontal, que são acionados automaticamente quando vemos uma pessoa bonita, ficam ainda mais ativos quando essa beldade sorri.

~

Não é à toa que os fotógrafos sempre pedem um sorriso. Sorrir nos deixa não só mais felizes como também mais belos. Um sorriso estampado no rosto é o tratamento de beleza mais rápido, barato e democrático que a natureza já inventou.

Fazer o bem também faz bem

Fazer alguém sorrir é ótimo. O sorriso de quem ganha um presente, recebe um elogio ou simplesmente se alegra ao nos ver faz com que o nosso cérebro, por pura imitação, sorria também e fique feliz por empatia. O bem que fazemos aos outros retorna ao nosso cérebro quando vemos o resultado estampado no rosto da

[1] Veja o capítulo 2 – Identifique e cultive os seus prazeres.

outra pessoa. Mas não é só isso. Num estudo publicado em 2006, o neurocientista brasileiro Jorge Moll mostrou que, antes mesmo de provocar um sorriso, a simples *decisão* de praticar o bem já envolve a ativação do sistema de recompensa. *Decidir* fazer o bem dá prazer. E mais: o córtex subgenual, uma área envolvida na formação de laços afetivos, também participa de escolhas altruístas e nos leva a criar vínculos com o objeto das nossas boas ações.

Certamente é possível olhar para os mesmos resultados com outra lógica. Talvez só optemos por fazer o bem, mesmo para os nossos filhos, porque isso dá prazer *a nós mesmos*. Esta é a visão cínica, ou ao menos cética, do altruísmo: todo ato de bondade em relação a alguém teria um fundo de interesse próprio.

Mas pense bem: poderia ser diferente. O cérebro poderia não dar a mínima para a felicidade de filhos, amigos, parentes, vizinhos e desconhecidos e não ter o sistema de recompensa ativado nem antes nem depois de decidirmos deixar essas pessoas felizes. Mas não é assim. O nosso cérebro tem a capacidade sensacional de fazer os outros felizes e, de quebra, se alegrar com isso. Todos ganham – mesmo que alguns digam que a base do altruísmo é o benefício pessoal.

~

Experimente pensar no bem que você pode fazer aos outros. É fácil encontrar felicidade nesse poder: ela se concretiza com o sorriso de satisfação de quem recebe as suas boas ações, mas começa no seu sistema de recompensa no momento em que você simplesmente pensa que é capaz de deixar alguém feliz.

Os benefícios da felicidade

Acredite: ficar feliz pode mudar o seu corpo. Quando estamos alegres, produzimos quantidades menores e mais saudáveis de hormônios de resposta ao estresse ao longo do dia; temos reações inflamatórias mais controladas; e, nos homens, a freqüência cardíaca diminui, o que pode protegê-los de doenças cardíacas a longo prazo. Quem está feliz tem uma resposta imunológica melhor a vacinas e apresenta uma recuperação cardiovascular mais rápida após eventos estressantes.

Os elos entre a mente e o corpo são tão poderosos que *agir* de um modo feliz, mesmo sem convicção, produz benefícios. Os atores que, por conta de seu trabalho, sorriem e adotam posturas condizentes com a felicidade não só alcançam o bem-estar como também ficam mais saudáveis. Mesmo que não tenham razões pessoais para sentir alegria, aqueles que passam um dia inteiro ensaiando cenas alegres, eufóricas, são beneficiados com um aumento das defesas do corpo contra doenças. Por outro lado, os atores que ficam ensaiando cenas deprimentes têm essas defesas diminuídas.

~

A felicidade é um santo remédio para o corpo e para a mente. É um antídoto contra o estresse melhor do que muitas drogas vendidas em farmácias, não apresenta contra-indicações nem limitação etária. Descubra o que o deixa feliz e use várias vezes ao dia.

Desconfie da felicidade sem motivo

A felicidade faz muito bem – quando é justificada. Curiosamente, existe um distúrbio que acarreta um excesso de felicidade, uma sensação constante de satisfação consigo mesmo, de bem-estar e de poder quando não há razão para isso. Soa como uma bênção, mas não é. A felicidade demasiada e sem justificativa, que destrói a vida aos poucos enquanto a sua vítima continua sorrindo, é uma maldição chamada *mania*.[2]

Como toda emoção, a felicidade tem o seu papel: ela nos indica que algo nos faz bem e deve ser buscado ativamente. Assim, a felicidade nos mantém no bom caminho. É indesejável, portanto, que tenhamos sensações positivas até quando as coisas vão mal – mas isso é o que acontece na mania, um transtorno cerebral de origem ainda não inteiramente compreendida, mas que envolve um excesso de atividade do sistema de recompensa. Como resultado, tudo o que a pessoa pensa, diz e faz lhe parece extraordinário, oferecendo-lhe uma segurança fora de proporções, que quase sempre não condiz com a realidade, e um bem-estar a toda prova. E aqui se coloca a questão médica: se o paciente se sente tão bem, por que tratá-lo?

A pessoa em estado maníaco adora o som da própria voz e aquilo que diz, por isso fala desbragadamente. É exuberante, parece ter uma fonte inesgotável de energia e fica satisfeita com poucas horas de sono por dia; pode viver agitada, irrequieta. O problema da mania não são esses sinais, e sim as suas conseqüências, em primeiro lugar para quem vive com a pessoa permanentemente feliz, e logo também para a própria vítima da felicidade exagerada. Por conta desse excesso de auto-satisfação, quem discorda do maníaco ou não vê a grandiosidade das suas idéias é rapidamente tachado de boçal e ridicularizado, senão excluído do seu convívio. Levado pela autoconfiança exagerada, o portador desse transtorno tem grande chance de se colocar em situações de risco físico e financeiro, pois não considera a possibili-

---

[2] Não confundir com o que se chama popularmente de "mania de lavar as mãos", "mania de organização", etc. Esses exemplos são compulsões, sinais de um transtorno obsessivo-compulsivo, e não de mania.

dade de estar errado nem de algo não dar certo. As amizades sofrem, os relacionamentos pessoais se rompem, o emprego corre perigo, a conta no banco míngua. O mundo do maníaco desmorona enquanto ele caminha rumo ao abismo, que inclui delírios místicos e de grandeza quando o transtorno se agrava – mas ele continua achando tudo ótimo.

Antes subestimada, ou considerada apenas a outra face da depressão no transtorno bipolar, a mania começa a ser reconhecida como um transtorno puro e até como uma possibilidade alternativa de diagnóstico para muitas crianças tratadas como hiperativas. Ela é mais comum do que se pensava, atingindo cerca de 10% das pessoas na forma de transtorno bipolar e talvez até 3% em sua forma pura. Por sorte, há remédio para esse distúrbio, ainda que o indivíduo em estado maníaco acredite que está ótimo e que o problema está em quem deseja "curá-lo da sua felicidade".

~

A felicidade é o estado ideal do cérebro – desde que seja justificada. Se você se sente ótimo o tempo todo, acha tudo maravilhoso e consegue se sentir bem mesmo dormindo muito pouco, desconfie e pergunte a um bom amigo se toda essa felicidade parece razoável. Esta é a ironia do excesso doentio de felicidade: a pessoa em estado maníaco dificilmente reconhecerá que está destruindo as suas fontes de felicidade.

CAPÍTULO 5

Saiba a diferença entre tristeza e depressão

É evidente que bem-estar não rima com tristeza. Já se foi o tempo em que o sofrimento era cultuado como glamouroso, em que era chique ficar deprimido e achar que a vida não presta: hoje em dia, crises depressivas são encaradas como males desnecessários, tratáveis por psicoterapia e medicamentos. Mas nem toda tristeza é sinônimo de depressão, e é fundamental conhecer a diferença entre as duas.

O valor da tristeza

Uma das características mais fantásticas do cérebro é a sua capacidade de aprender com as experiências. De modo geral, tudo o que fazemos ou sentimos deixa a sua marca no cérebro, uma lembrança que influenciará decisões futuras. A alegria e a tristeza são grandes mestres: por meio delas, o cérebro educa a si mesmo na sua busca incessante pelo bem-estar. O prazer e a felicidade destacam as experiências que dão certo e assim garantem que elas sejam repetidas no futuro.

A tristeza, ao contrário, é a indicação de que o fato foi doloroso para o cérebro e que deve ser evitado a todo custo. Quando magoamos alguém ou somos magoados, por exemplo, a tristeza que sentimos é um sinal para que o cérebro reveja a sua maneira de interagir com os outros. A tristeza com o fim de um relacionamento amoroso assinala que a proximidade do ser amado é importante. Já a tristeza decorrente da saudade lembra ao cérebro como ele anseia por voltar à presença da pessoa querida. Até a tristeza antecipada é relevante: a nossa capacidade de antecipar a tristeza que sentiremos se formos abandonados por amigos ou parceiros faz com que tomemos precauções para mantê-los por perto. A morte de um ente querido é um evento tão profundamente triste que a simples idéia desse acontecimento já nos deixa atentos para a importância daqueles que estão à nossa volta.

~

Se você está triste, procure avaliar a situação. A sua tristeza é justificada? Em caso afirmativo, admita-a e lide com ela: entenda as suas causas e a sua importância. Aprenda com essa emoção a evitar o que faz mal, mas também a aceitar os fatos inevitáveis, como a morte.

Respeite a tristeza

Diante de uma situação indesejada e infeliz, diversos sistemas são acionados no cérebro, produzindo sensações negativas, reduzindo a motivação e deixando o corpo letárgico. A ativação do córtex cingulado anterior avisa sobre o contratempo e ativa respostas ao estresse que preparam o cérebro e o corpo para lidar com a situação. As modificações corporais em resposta ao estresse intenso decorrente da tristeza são detectadas pelo cérebro e dão corpo ao sofrimento. Ao mesmo tempo, o sistema de recompensa, que promove sensações de prazer e bem-estar, é desativado. Regiões mediais do córtex pré-frontal ficam mais ativas, talvez remoendo os acontecimentos e avaliando a situação. Além disso, a ativação do córtex subgenual diminui os movimentos e, provavelmente, torna o comportamento mais retraído, passivo.

O nosso humor varia normalmente ao longo do dia à medida que os acontecimentos aumentam ou reduzem a ativação do sistema de recompensa. Quando coisas boas ocorrem, o prazer obtido nos impele a fazer mais; se os eventos são desfavoráveis, a nossa motivação diminui. Se algo muito ruim acontece, o cérebro se recolhe, perde o prazer e a motivação, faz o corpo "murchar" e volta a sua atenção para o problema em questão.

~

Respeite o recolhimento característico da tristeza. Ele evita que você se exponha a novas experiências ruins em um momento de fragilidade e, ao diminuir os estímulos externos, promove a introspecção. Use-a para entender a razão da tristeza e evitar tristezas futuras.

Chore, mas depois pare de chorar

O choro envolve a ativação da amígdala cerebral, que inicia uma resposta ao estresse causado pela situação infeliz e provoca o aumento da freqüência cardíaca e da pressão arterial no corpo e no cérebro. Ao contrário da crença popular de que chorar faz com que nos sintamos melhor, muitos estudos mostram que, a princípio, esse ato intensifica a tristeza e agrava as reações ao estresse. Entre as pessoas que assistem a um mesmo filme triste, por exemplo, aquelas que choram relatam uma tristeza mais profunda do que as que não choram. Não que elas chorem porque fiquem mais tristes do que as outras – nesse contexto, prender as lágrimas evita que a tristeza se agrave, o que indica que o choro nos deixa realmente mais tristes. Chorar acentua tanto a condição de estresse que até a capacidade imunológica do corpo fica deprimida nesse momento – o que não acontece se o choro for suprimido com sucesso.

A utilidade de afundar em lágrimas parece ser a de criar um estado aversivo de alta vigilância sobre a situação que está sendo lamentada.[1] Isso motivaria comportamentos direcionados a acabar com o que provocou o choro – e a dar fim às lágrimas também. De fato, uma série de regiões do córtex pré-frontal envolvidas no controle emocional, como o córtex órbito-frontal e o cingulado anterior, podem ser ativadas para reavaliar a situação e reduzir a sensação de tristeza – e as lágrimas.

Depois disso vem o melhor do choro: o seu fim. Isso acontece com um enorme aumento da atividade do sistema nervoso parassimpático, que tem ação calmante sobre o corpo e a mente, e facilita a recuperação após o estresse. Não é à toa que secamos as lágrimas já mais tranqüilos e menos tristes – e, por que não?, até nos sentindo melhor do que no auge do estresse que levou ao choro.

~

O choro é uma resposta ao estresse que alivia a tensão acumulada quando paramos de chorar. Até que isso aconteça, no entanto, ele torna a tristeza ainda mais intensa. Assim, evite chorar facilmente, mas, quando o choro acontecer, encare-o como uma oportunidade de entender por que a situação é desagradável e traçar es-

---

[1] Essa talvez seja a vantagem do choro contagioso: chamar a nossa atenção para a situação indesejável de quem está chorando, para que, por exemplo, evitemos que aquilo aconteça conosco também. Ver ou ouvir alguém chorar produz na amígdala cerebral exatamente as mesmas mudanças que provocam o choro, o que explica o contágio.

tratégias para lidar com ela e evitá-la no futuro. E lembre que o maior alívio só chega quando você pára de chorar.

Saiba reconhecer a depressão

Como você viu, a tristeza tem a sua função. Mas isso não significa que toda tristeza seja normal. A tristeza profunda só é saudável quando é perfeitamente justificada, adequada às circunstâncias, e não se estende por semanas a fio. Sem razão, sem fim e, sobretudo, se acompanhada de falta de motivação, falta de prazer, insônia ou, ao contrário, sonolência exagerada, ela passa a ser maligna e ganha outro nome: depressão.

A depressão caracteriza-se por um excesso anormal de ativação das regiões do cérebro envolvidas na produção da tristeza e de respostas ao estresse. O cérebro em depressão fica predisposto à tristeza. Nesse estado, até estímulos neutros, como rostos inexpressivos, são percebidos como tristes. Há um aumento da atividade da amígdala direita, que está associada a sentimentos negativos; assim, quanto maior a sua atividade, mais intensos são os sentimentos ruins. Como se não bastasse, as pessoas deprimidas apresentam uma redução da atividade do córtex pré-frontal subgenual do lado esquerdo, que normalmente participa da produção de sentimentos positivos, o que pode explicar a sua incapacidade de experimentar sentimentos felizes nesses estados. A depressão, portanto, mata dois coelhos com uma só cajadada: ao mesmo tempo dificulta a felicidade e facilita a tristeza.

Ao contrário do que se costuma acreditar, o estado depressivo não predispõe às lágrimas, embora seja um convite à tristeza. Ao assistir a um filme triste, por exemplo, a pessoa deprimida tem tanta chance de cair no choro quanto qualquer outra, embora apresente, de fato, um problema para lidar com a tristeza: ao contrário de quem ficou apenas temporariamente triste com o filme, o indivíduo deprimido não obtém do fim das lágrimas aquele efeito calmante da ativação do sistema nervoso parassimpático. Na depressão, a desregulação dos sistemas emocionais do cérebro e da resposta ao estresse faz com que o choro se limite a tornar a tristeza ainda mais intensa sem proporcionar nenhum tipo de alívio.

Não pense que a depressão é uma exclusividade da espécie humana, capaz de ruminar pensamentos ruins sobre fatos que talvez nem cheguem a acontecer. Esse distúrbio pode ser desencadeado por episódios de estresse crônico ou muito intenso aos quais até ratos e macacos sucumbem. Macacas numa posição de subordinação social e, portanto, submetidas a grande estresse crônico têm mais chances de sofrer de depressão: andam encurvadas, olhando para o chão, perdem o interesse pelo seu ambiente, tornam-se letárgicas e pouco ativas, definham e produzem menor quantidade de hormônios sexuais. Tudo isso está relacionado a uma resposta exagerada ao estresse, como você verá no capítulo 10.

~

Hoje em dia, a depressão é efetivamente considerada uma doença pelos danos que causa à vida e já é combatida com tratamentos eficazes. Assim como ninguém é culpado por ter uma doença genética, ninguém escolhe ficar deprimido, portanto não há razão para sentir culpa nem vergonha. Por outro lado, cultivar bons hábitos que previnem episódios de depressão e buscar tratamento para voltar a ser feliz são decisões pessoais. Se você se sente triste sem razão nenhuma, procure orientação médica. E, se esse não é o seu caso, empenhe-se em continuar bem. As orientações apresentadas nos capítulos a seguir o ajudarão nisso.

CAPÍTULO 6

Tenha uma atitude positiva

Faz uma grande diferença entender que a felicidade, ou o bem-estar, não é uma bênção, não tem a ver com destino nem é fruto do acaso ou de contingências e circunstâncias externas. Se, como disse Aristóteles, "nós somos o que habitualmente fazemos", a felicidade é conseqüência de uma atitude positiva. O bem-estar, portanto, é uma questão de atitude.

Controle as emoções negativas

Quem não gostaria de escolher uma vida sem emoções negativas? Obviamente, isso não é possível – nem seria desejável. Como você viu no capítulo anterior, as emoções negativas, como medo, ansiedade, raiva, desgosto e tristeza, têm uma função muito importante: elas nos ajudam a tomar boas decisões, que nos resguardam de perigos e decepções maiores.

Mas isso não significa que o desgosto deva perdurar nem que seja saudável deixar que a sensação de raiva se transforme em um ataque de fúria. Pense nas emoções negativas apenas como uma advertência. Depois que ela é dada, deixa de ser necessária. Sentir emoções desse tipo é importante, mas fazer com que elas passem também é.

Ao contrário do que se imaginava, dar vazão à raiva só faz aumentá-la. Isso ocorre porque o cérebro entra em um círculo vicioso em que os novos acontecimentos são interpretados à luz do estado raivoso. Como se não bastasse, a hostilidade é um fator de risco de doenças cardíacas, aterosclerose e mortalidade elevada tão grande quanto o fumo e o colesterol alto. A raiva prolongada é um veneno do qual nós mesmos bebemos. Da mesma forma, cultivar a tristeza, ainda que involuntariamente, como acontece durante a depressão, coloca o cérebro em um estado em que até as situações e opiniões favoráveis tendem a ser interpretadas de forma negativa.

O cérebro humano dispõe, na sua porção mais frontal, dos mecanismos necessários para controlar emoções negativas. Só precisamos aprender a usá-los bem.

~

Um importante caminho para o bem-estar é controlar as suas emoções negativas. Ouça o que elas têm a dizer, pois a sua mensagem é importante. Mas não deixe que sentimentos como raiva e tristeza comandem o seu dia, muito menos a sua vida.

Irritação provoca irritação

Você deve conhecer isso na prática. Não é preciso ter um dia particularmente nefasto para que um aborrecimento deixe você irritado e até o faça agir de modo grosseiro com quem não tem nada a ver com o assunto. O primeiro passo para evitar que a irritação traga ainda mais irritação deve ser o *conscientizar-se* dessas emoções. Num dia assim, você só conseguirá ser gentil com o porteiro, o vizinho ou a manicure se, primeiro, tomar ciência de que está, sim, irritado – mas não com eles.

É fácil imaginar como isso funciona. Se um aborrecimento coloca a amígdala cerebral em estado de alerta, o corpo e o restante do cérebro preparam-se para o pior, esperando a sua chegada iminente. Nesse estado, tudo que acontecer será interpretado como uma ameaça ou como um novo motivo para irritação – o que só vai provocar ainda mais irritação. Para cortar o círculo vicioso, a única solução é ir à raiz: é preciso apelar para as regiões pré-frontais do cérebro, que exercem controle executivo sobre as nossas ações, e acabar racionalmente com a irritação.

~

Reconhecer quando você está irritado, raivoso ou triste é o primeiro passo para controlar o seu comportamento e ter uma atitude mais positiva em relação à vida. Mas lembre-se que, ainda que a irritação anterior possa explicar as suas respostas rudes a comentários neutros ou inocentes, ela não é uma licença para ser grosseiro.

Tensão pré-menstrual explica, mas não justifica

Um exemplo bem conhecido por algumas mulheres de "irritação causada por irritação" é a tensão pré-menstrual, associada à queda na produção de progesterona nos dias que precedem a menstruação. Além de ter funções sexuais, a progesterona é um poderoso ansiolítico natural para as mulheres: ela aumenta a capacidade que o hipocampo tem de regular a ansiedade e a resposta ao estresse de modo geral. No período pré-menstrual, quando o nível de progesterona no sangue cai de modo significativo, esse efeito ansiolítico é perdido e o hipocampo fica mais suscetível ao estresse. Essa perda temporária de um ansiolítico natural parece ser mais drástica no caso de mulheres que possuem naturalmente uma quantidade reduzida dos receptores no hipocampo que respondem à progesterona. Como resultado, essas mulheres ficam especialmente irritáveis e ansiosas no período pré-menstrual, capazes de reagir à menor ameaça com uma intensa resposta de estresse e de responder com agressividade até a gestos e comentários inofensivos.

A irritação de fundo hormonal, no entanto, não é uma "licença para matar". Ainda que explique a agressividade, ela não *justifica* nenhum tipo de comportamento grosseiro. O motivo é simples: todos nós somos capazes de usar os serviços do córtex pré-frontal para gerenciar os nossos impulsos – nem que seja para procurar ajuda médica para lidar com a tensão pré-menstrual.

~

Se você sofre de tensão pré-menstrual, entenda a sua irritação e tente lidar com ela. Exercício físico, relaxamento e medicação, com acompanhamento médico, são boas maneiras de combater o excesso de ansiedade nesse período. O seu estado hormonal não é culpa dos outros, então não o use como justificativa para agir com irritação ou agressividade com quem não lhe fez nada.

O poder da atitude positiva: resiliência

Sabe aqueles dias em que tudo parece dar certo e todos lhe sorriem? Já pensou que a razão para isso pode ser simplesmente acreditar que *vai* dar certo antes que as coisas aconteçam e, depois que elas ocorrerem, prestar atenção no que de fato funcionou?

Existe até comprovação científica para essa impressão comum de que algumas pessoas, irremediavelmente otimistas, atraem coisas boas para si. Os otimistas acham mais graça na vida, riem mais, são autoconfiantes e estão quase sempre de bom humor. Eles têm o que se chama de "estilo afetivo positivo", ou atitude positiva. Além disso, são mais bem-sucedidos em lidar com situações negativas, respondem melhor a infecções, são mais resistentes a doenças, já acordam pela manhã com um nível menor de hormônios do estresse e se recuperam mais rápido após eventos adversos e estressantes.

~

A atitude positiva confere o que a neurociência chama de resiliência: a capacidade de manter-se bem mesmo diante de adversidades e até de aprender com elas. É evidente que ter uma atitude positiva não impede que maus momentos aconteçam – mas, nessas pessoas, eles não produzem estados negativos duradouros. A resiliência é uma característica central daqueles indivíduos que, quando caem, rapidamente se levantam, sacodem a poeira e dão a volta por cima.

Atitudes, expectativas e a origem do otimismo

O otimismo começa no cérebro. As pessoas altamente resilientes, que tendem a ver a vida com bons olhos e se recuperam rapidamente mesmo após a pior queda, costumam ter mais atividade alfa (atividade elétrica em 10 a 14 ondas por segundo) na parte pré-frontal do lado esquerdo do cérebro.[1]

É claro que também existe quem tenha mais atividade alfa na parte pré-frontal direita. São os típicos pessimistas, que consideram os acontecimentos ruins especialmente danosos, adoecem com facilidade, já acordam com altos níveis de hormônios do estresse e demoram para se recuperar após tropeços e quedas na vida. No caso de outras pessoas ainda, o padrão básico de atividade alfa no córtex pré-frontal oscila entre os dois lados – e eles

---

[1] A maior atividade na freqüência alfa do lado esquerdo não significa que esses indivíduos têm "o lado esquerdo do cérebro mais ativo" nem apresenta nenhuma relação com a idéia (incorreta) de que "as pessoas com o lado esquerdo do cérebro mais ativo são mais racionais, enquanto as pessoas com o lado direito do cérebro mais ativo são mais emocionais".

são ora otimistas, ora pessimistas, de acordo com os acontecimentos e as situações do momento. Como a maior ativação em um ou outro lado do córtex pré-frontal faz tanta diferença?

A resposta pode estar na importância de o cérebro se antecipar aos eventos. Muito mais do que atuar como uma máquina de detectar estímulos e responder a eles, esse órgão tenta *adivinhar* constantemente o que acontecerá e organiza as suas ações segundo essas expectativas. De modo geral, quem gera essas expectativas é o córtex pré-frontal. A associação dessa estrutura com a amígdala, que dispara respostas emocionais, faz com que as expectativas mudem de acordo com o nosso estado afetivo, em consonância com a atividade da amígdala.

Acontece que a amígdala, presente nos dois hemisférios do cérebro, divide as suas funções entre ambos: o lado esquerdo parece cuidar preferencialmente das emoções positivas, como a satisfação de ganhar dinheiro, enquanto o direito dá ênfase às emoções negativas. Por isso, a maior atividade da amígdala esquerda, relacionada a emoções positivas, influencia a atividade do córtex pré-frontal esquerdo, que, por sua vez, motiva decisões com base numa predisposição favorável, com expectativas otimistas. De modo inverso, quando há maior atividade da amígdala do lado direito, relacionada a emoções negativas – como perdas financeiras e acontecimentos desagradáveis de forma geral –, a predisposição do córtex pré-frontal direito é fazer com que o comportamento tenda a interpretações negativas, pessimistas, dos acontecimentos.

~

Existem, sim, pessoas naturalmente predispostas ao otimismo ou ao pessimismo, dependendo da predominância da amígdala esquerda ou direita. Quem trabalha com expectativas positivas organiza as suas ações já esperando que tudo dê certo – e a expectativa positiva aumenta as chances de as ações de fato terem sucesso.

Quase nada é para sempre

Várias evidências indicam que existe uma tendência inata ao otimismo ou ao pessimismo. A assimetria da atividade alfa no córtex pré-frontal direito em bebês de menos de um ano, por exemplo, é maior naqueles que choram em resposta a breves ausências da mãe do que nos que permanecem tranqüilos. Além disso, várias medidas associadas a essa assimetria, como a intensidade da resposta ao estresse, permanecem estáveis ao longo da vida.

Mas isso não significa que quem nasce pessimista terá que ser assim pelo resto da vida. Uma das razões para isso é que, mesmo que exista uma tendência inata desfavorável, a assimetria na ativação do córtex pré-frontal se instala espontaneamente por cima do padrão natural em resposta aos acontecimentos. Estudos mostram que até o cinema pode ser de grande ajuda. Assista a um filme triste, e você ficará com sentimentos negativos à medida que a ativação relativa do córtex pré-frontal do lado direito aumenta. De modo contrário, veja um filme que induz sentimentos positivos, e a ativação relativa do lado esquerdo ficará mais intensa. Com base no que sabemos sobre o poder das expectativas positivas e negativas, não é difícil deduzir as conseqüências disso: sentimentos negativos atraem expectativas negativas e, portanto, mais sentimentos negativos. Mas, da mesma forma, sentimentos positivos atraem expectativas positivas e, assim, ainda mais sentimentos positivos. O otimismo, portanto, se cultiva.

~

Se você tem tendências pessimistas, fuja de situações, filmes e histórias deprimentes e procure atividades que produzam sensações boas, pois elas aumentam a ativação do córtex pré-frontal esquerdo e ajudam a trazer mais otimismo à sua vida.

A atitude positiva pode ser cultivada

Outro motivo para não se considerar a tendência inata ao pessimismo uma sentença perpétua é a possibilidade que temos de interferir de modo consciente na ativação da amígdala. Ainda que não adiante você dizer "Amígdala direita, cale-se!", o córtex pré-frontal parece saber como fazer isso, de modo que tentativas conscientes e bem-sucedidas de reduzir sentimentos negativos resultam de fato em uma diminuição da atividade da amígdala direita. Pessoas otimistas, com atividade alfa naturalmente maior no córtex pré-frontal esquerdo, suprimem com mais facilidade a ativação da amígdala direita e os sentimentos negativos decorrentes. No entanto, mesmo que precisem tentar com mais força, os pessimistas também acabam conseguindo esse resultado. Com o apoio de terapia, até as pessoas de personalidade mais hostil e agressiva são capazes de tornar-se mais afáveis e, com isso, saudáveis.

Com um esforço consciente, portanto, é possível suprimir as tendências naturais ao pessimismo trazidas por uma amígdala direita hiperativa e conquistar uma atitude positiva, ainda que momentaneamente. Se realizada com freqüência, essa prática pode até fazer com que a supressão consciente de expectativas desfavoráveis e de sentimentos negativos se torne um hábito. Mesmo que isso não transforme um pessimista de carteirinha em um otimista incorrigível, o cérebro passa a encarar a vida com outros olhos (ou com outra amígdala!), e os benefícios da atitude positiva para o bem-estar do corpo e do cérebro logo ficam evidentes.

~

Ainda que você seja um pessimista ou tenha o "pavio curto" por natureza, experimente mudar conscientemente as expectativas do seu cérebro. Cultivar uma atitude positiva é uma excelente maneira de contribuir para o seu bem-estar. Faça da atitude positiva um bom hábito.

CAPÍTULO 7

Tire proveito do estresse agudo

A palavra "estresse" nos faz lembrar imediatamente de falta de tempo, de dinheiro, de companhia, de segurança. Estresse, contudo, é muito mais do que isso. Fisicamente, o estresse é definido como toda força que, aplicada a um objeto, provoca nele uma alteração. Em nossa vida, portanto, ele diz respeito a todo acontecimento que provoca uma mudança rápida do corpo e do cérebro – e essa modificação, longe de ser indesejável, é o que nos permite continuar vivos.

A resposta imediata, aguda, ao estresse consiste em uma série de alterações inconscientes, involuntárias, no funcionamento do corpo que o preparam para agir ou reagir em caso de necessidade. E ainda bem que elas são inconscientes e involuntárias: se fosse sempre necessário pensar no que fazer e só então preparar o corpo para agir, a nossa espécie – juntamente às zebras, macacos, ou qualquer animal sujeito a ataques de predadores – poderia não estar mais no planeta.

Nem só o leão e o ladrão provocam estresse

Muitos livros fazem parecer que as causas do estresse são necessariamente grandes riscos à vida, como o ataque de um leão, de um assaltante ou de outro predador qualquer. Da mesma maneira, a resposta ao estresse apontada nesses livros costuma ser "lutar ou fugir", "bater ou correr".

Leões, assaltantes e outras criaturas assustadoras são, sim, causas de estresse. Mas há estresses mais corriqueiros e prováveis em nossa vida. Levantar-se da cama pela manhã, por exemplo, é um estresse ao qual só conseguimos responder se o corpo se preparar para isso com antecedência, realizando uma série de alterações hormonais e metabólicas. Ficar de pé, aliás, já exige providências que aumentem a pressão arterial para que o cérebro continue recebendo sangue suficiente, pois a gravidade tende a jogar o sangue para os pés. E é assim com muitas outras coisas. Preparar um trabalho, responder a perguntas (nem precisam ser muito difíceis), fazer contas de cabeça, subir escadas, correr para evitar que o filho leve um choque e até ficar aflito com o destino do mocinho do filme são apenas alguns dos pequenos tipos de estresse a que somos submetidos várias vezes ao dia.

Sobrevivemos a todos eles graças ao cérebro, que é capaz de orquestrar respostas rápidas por meio da amígdala e do hipotálamo, duas estruturas que provocam as mudanças necessárias no corpo ao controlarem o sistema nervoso autônomo (simpático e parassimpático), a liberação de hormônios por glândulas variadas e influenciarem o nosso comportamento. Se não tivéssemos a capacidade de reagir ao estresse, a vida só seria possível em condições absolutamente estáveis e reguladas. Quando o sistema nervoso simpático é eliminado por cirurgia em animais de laboratório – e com ele toda resposta aguda ao estresse –, qualquer susto, esforço ou até mudança de temperatura ambiente pode ser fatal.

~

Estresses são problemas pequenos ou grandes que acontecem naturalmente em nossa vida várias vezes por dia – e é a nossa ca-

pacidade de responder a eles que nos mantém vivos. Não deseje, portanto, uma vida sem nenhum estresse. Queira, sim, lidar com ele de forma saudável e usá-lo a seu favor. Isso é mais fácil do que parece: a resposta aguda ao estresse, acredite, é benéfica.

O alarme: a diferença entre o que é e o que deveria ser

O cérebro tem várias maneiras de saber quando está ameaçado. A amígdala cerebral, estrutura do tamanho de uma noz, é especializada em registrar a visão de objetos perigosos e de pessoas em atitudes ameaçadoras ou que nos fizeram viver más experiências no passado – sobretudo se nos causaram medo ou qualquer tipo de dor. Além disso, ela dispara alarmes quando detecta no rosto dos outros expressões de medo ou raiva. Isso é muito útil; afinal, se algo causa pavor no seu vizinho, é bom que você comece a se preocupar também.

Além de objetos e pessoas perigosas, situações mais complexas fazem com que a amígdala acione alarmes. De modo geral, as situações que o cérebro considera estressantes e, portanto, dignas de resposta são aquelas em que há grande chance de que o resultado seja inesperado, indesejado, incorreto ou desfavorável.

Temos ao menos duas regiões no cérebro especializadas em fazer essa análise para a amígdala. Uma delas é a porção ventral do córtex pré-frontal, que indica a presença de estímulos aversivos e detecta a situação em que o que era esperado não acontece – ou seja, identifica quando algo dá errado. A outra você já conhece – é o córtex cingulado anterior, que dispara alarmes não só quando encontra erros e inconsistências em nosso comportamento, mas também quando percebe que, dadas as circunstâncias e as experiências passadas, a chance de algo errado ocorrer nos momentos seguintes é grande. Também é ele que, por exemplo, aciona o alarme para a amígdala em situações de estresse psicológico: quando precisamos falar em público, fazer uma prova ou dirigir à noite na chuva.

Dado o alarme, o corpo e o cérebro preparam-se para lidar melhor com a situação de risco, seja ele físico – como um possível ladrão à espreita em uma rua escura – ou psicológico, como a perspectiva de uma discussão com o chefe ou a chance de ser reprovado em uma prova importante.

~

A resposta ao estresse é a maneira que o cérebro tem de nos preparar para enfrentar problemas que já estão acontecendo ou que provavelmente ocorrerão nos próximos segundos. Saber reconhecer os alarmes que disparam a resposta ao estresse é o primeiro passo para uma relação saudável com o estresse.

O corpo em prontidão

A resposta ao estresse começa quando a amígdala detecta um sinal de perigo ou é informada por outros centros cerebrais, como o córtex cingulado anterior, de que alguma situação pode requerer uma ação rápida. O sistema nervoso simpático é acionado imediatamente pela amígdala, e os seus nervos provocam no corpo alterações que conhecemos na prática, como a aceleração da freqüência cardíaca e a elevação da pressão arterial, bem como outras das quais podemos não suspeitar, como um aumento discreto (ou muito indiscreto!) da sudorese, a interrupção da digestão, a liberação de glicose no sangue e o desvio do fluxo sangüíneo para os músculos.

Tudo isso tem uma função em comum: aumentar quase instantaneamente a disponibilidade de energia para os músculos, de modo que eles possam agir rápido se necessário. A prioridade passa a ser então usar energia, e não armazená-la. Os efeitos do sistema nervoso simpático são reforçados segundos depois, quando ele mesmo faz com que as glândulas adrenais liberem adrenalina no sangue. As ações desse hormônio no corpo são semelhantes às do sistema nervoso simpático, com uma vantagem: a adrenalina na corrente sangüínea sustenta a resposta ao estresse por vários segundos. Para quem é alérgico ou está gripado, um dos ótimos efeitos da resposta aguda ao estresse é que o nariz desentope: um pouquinho de estresse funciona melhor do que qualquer descongestionante nasal na hora daquela entrevista ou apresentação importante.

Ao mesmo tempo, a amígdala pode provocar a ativação do hipotálamo, fazendo com que ele estimule a glândula pituitária a produzir um hormônio que também age sobre as glândulas adrenais. Esse é o eixo HPA (hipotálamo–pituitária–adrenal), que, quando ativado, leva as adrenais a fabricar *cortisol*, o principal hormônio do estresse.

A liberação do cortisol na corrente sangüínea intensifica a ação da adrenalina. Como ele pode permanecer elevado no sangue por várias horas, a resposta ao estresse se estende e produz várias vantagens imediatas. Esse hormônio faz com que as reservas de gordura do corpo sejam usadas para elevar a taxa de glicose no sangue; reforça o aumento da pressão sangüínea e da freqüência cardíaca, o que amplia a disponibilidade de energia para os músculos; e desloca as células de defesa do sistema imune para a superfície do corpo, onde há mais chance de elas serem úteis em caso de ferimento.

~

Se você está resfriado ou indisposto, mas precisa ir ao trabalho para aquela reunião que poderá lhe render um aumento, o estresse agudo é o seu grande aliado: ele lhe dá literalmente uma injeção de energia ao mobilizar as reservas do corpo, aumentar o fornecimento de sangue para os músculos e fazer com que você respire melhor. Um pouco de estresse pode ser o que faltava para tirá-lo da cama.

Um pouco de estresse agudo faz bem ao cérebro...

Além de deixar o corpo a postos, o alarme disparado pelo córtex cingulado anterior e pela amígdala prepara o cérebro para a ação. Uma estrutura é particularmente importante nesse processo: o *locus coeruleus*, que responde ao alarme despejando noradrenalina sobre várias regiões do cérebro. Enquanto a adrenalina deixa o corpo pronto para agir, a noradrenalina faz esse mesmo trabalho com o cérebro: ficamos mais atentos e alerta aos acontecimentos, e as capacidades de processamento do córtex se aguçam. Registramos com mais rapidez o que acontece, ganhamos mais agilidade de pensamento e nos lembramos melhor dos eventos. Além disso, o cérebro produz substâncias de ação semelhante à dos opióides, que têm um efeito analgésico natural: as endorfinas.

O cortisol liberado no sangue, resultado da ativação do eixo HPA também pela amígdala, contribui igualmente para deixar o cérebro a postos. Além de reforçar as respostas corporais à adrenalina do estresse, o cortisol entra no cérebro e intensifica as ações da noradrenalina. Em quantidades moderadas, como aquelas encontradas no sangue em reação ao estresse agudo, o cortisol age sobre o hipocampo e facilita tanto a memória quanto a capacidade de localização espacial. Para entender as vantagens que isso proporciona, imagine-se em uma situação de emergência, tendo que descobrir rapidamente a saída de um grande shopping center: quanto melhor você conseguir se orientar e se lembrar dos lugares por onde passou e identificar aqueles para onde deve ir, maiores são as suas chances de escapar logo dali.

Na prática, as alterações no corpo e no cérebro em resposta ao estresse são até agradáveis – depois que o perigo passa ou quando assumimos voluntariamente um risco, como escalar uma montanha, pular de uma ponte amarrado em um elástico ou fazer uma entrevista para a qual estamos bem preparados. Com os músculos cheios de energia, o coração acelerado e o cérebro alerta, temos uma sensação de força e capacidade aumentadas – é o que muita gente chama de "o barato da adrenalina".

~

A resposta aguda ao estresse deixa o cérebro mais alerta, capaz de se orientar melhor no ambiente, lidar com os acontecimentos rapidamente e registrá-los na memória. O cérebro também detecta os efeitos da adrenalina sobre o corpo e obtém com isso uma sensação de bem-estar.

... mas estresse em excesso é um problema

Se, por um lado, um pouco de estresse nos faz pensar e agir mais rápido, estresse de mais acaba sendo ruim. A faca de dois gumes começa com os efeitos da noradrenalina sobre o cérebro. Em pequenas quantidades, ela nos deixa alerta e melhora o processamento de informações pelo córtex cerebral. A partir de um ponto, no entanto, a noradrenalina começa a exercer o efeito contrário sobre os neurônios: perturba o processamento neuronal, provocando confusão mental e dificultando as tomadas de decisões, além de prejudicar a memória. Por isso é comum "dar branco" nessas situações: sob estresse muito intenso, temos dificuldade em nos lembrar das respostas para uma prova, por exemplo. Do mesmo modo, é natural não nos recordarmos dos eventos que acontecem em circunstâncias traumáticas, de estresse agudo muito intenso.

Esse tipo de estresse extremo também pode acabar colocando o corpo em risco. Em casos mais severos, uma resposta aguda exagerada ao estrese é capaz de provocar danos ao coração, causar arritmias e elevar a pressão arterial a índices perigosos, que ameaçam a oxigenação do corpo, mas sobretudo a do coração e a do cérebro. A reação desmedida ao estresse é, portanto, uma grande causa de infartos cardíacos e cerebrais.

A personalidade agressiva é outro fator importante de risco da perda de controle da resposta ao estresse. Provocações sociais, como ser interrompido em conversas ou derrotado em jogos, despertam respostas moderadas ao estresse na maioria das pessoas, mas, nas pessoas mais hostis e agressivas, a pressão arterial sobe ao teto, colocando em risco o corpo e a mente.

~

Um pouco de estresse ajuda o cérebro a pensar rápido, mas estresse de mais prejudica a memória e a tomada de decisão e pode colocar o corpo e o cérebro em risco. Por isso, para que você aproveite os benefícios do estresse agudo, é importante que aprenda a controlar as suas respostas ao estresse para mantê-las na "zona útil", favorável.

O próprio estresse é estressante

De modo geral, qualquer situação inesperada que não devesse estar acontecendo é considerada pelo córtex cingulado anterior um estresse digno de resposta. Por essa definição, a própria resposta ao estresse é também um estresse: afinal, em circunstâncias normais o coração não dispara, a pressão arterial não sobe e os músculos não ficam retesados.

A situação se agrava quando um estado de alerta exagerado faz o nível de noradrenalina cerebral subir ao ponto de ser prejudicial, podendo levar ao pânico, que não deixa o cérebro reagir racionalmente. Perceber que não estamos conseguindo lidar com uma situação ou nem sequer pensar direito é uma causa adicional de estresse – e acabamos ficando estressados com a nossa própria incapacidade.

Um dos principais sinais que nos fazem perceber que estamos

estressados é o aumento do tônus muscular, ou seja, a contração muscular sustentada quando o corpo poderia estar relaxado. Entre os músculos mais afetados está o trapézio, que segura a cabeça na posição ereta. É justamente esse músculo, localizado entre o pescoço e os ombros, que sentimos ficar "tenso", rígido, quando estamos sob estresse.

A razão da tensão no trapézio remonta a nossos ancestrais quadrúpedes. Na selva, com predadores à espreita, a primeira providência a tomar quando há perigo ao redor é levantar a cabeça para monitorar a área. Como a cabeça dos quadrúpedes é pesada, levantá-la e depois mantê-la ereta requer a contração intensa de músculos fortes, como o trapézio, que se estende da nuca até os ombros e o centro das costas. Nós deixamos de ser quadrúpedes, mas, pelo visto, mantivemos as vias nervosas que contraem o trapézio em situações de estresse e, junto com ele, os músculos dos ombros e dos braços, que, tensos, permitem a ação rápida. A "tensão" do corpo em resposta ao estresse é, portanto, literal – e é percebida pelo cérebro como mais uma fonte de estresse, em um círculo vicioso que pode fazer com que a resposta ao estresse saia rapidamente da "zona útil", favorável à ação e às boas decisões.

Reconhecer o problema, no entanto, é o primeiro passo para lidar com ele. Se a tensão muscular aumenta a sensação de estresse, então técnicas de relaxamento, como respiração lenta e profunda, massagens e banhos quentes, podem ajudar a trazer a resposta ao estresse de volta à "zona útil", onde ela é benéfica.

~

Quando a resposta ao estresse começa a ficar exagerada, uma ótima maneira de reduzi-la é... sentir-se menos estressado. Um bom ponto de partida são as técnicas de relaxamento muscular. Massagens ajudam, mas você pode começar sozinho, aprendendo a respirar profundamente e a relaxar o corpo.

Controle de danos

As técnicas de diminuição da tensão muscular não são os únicos meios de que dispomos para controlar a resposta ao estresse. Podemos usar ainda as nossas capacidades cognitivas para nos convencer de que a situação, afinal, não é tão ruim assim. O cérebro tem como fazer isso: o córtex cingulado anterior, responsável por boa parte dos alarmes de estresse, pode ser orientado por regiões mais frontais do cérebro a fazer uma avaliação mais favorável da situação e, assim, reduzir o nível de alarme de modo geral.

Como você viu no capítulo anterior, é importante manter uma atitude positiva e confiante. Se, por exemplo, a causa do seu estresse é uma entrevista de trabalho, concentre-se na sua fala e na do entrevistador, e não em pensamentos negativos ou em previsões nefastas.

~

Ajude o seu cingulado anterior a manter a calma. Avalie objetivamente a situação e convença-se de que você ainda está no controle. A sensação de poder sobre os acontecimentos é fundamental para que a sua resposta ao estresse seja saudável.

A volta ao normal: o sistema nervoso parassimpático

Quando as situações desfavoráveis são resolvidas e os perigos momentâneos acabam, é necessário que todas as alterações provocadas pela ativação do sistema nervoso simpático e do eixo HPA sejam desfeitas. Essa desativação é o primeiro passo, mas não basta, pois a adrenalina e o cortisol circulantes mantêm viva a resposta ao estresse. Para forçar o retorno ao estado "tranqüilo", o cérebro lança mão de um sistema de nervos cuja ação é naturalmente relaxante: o sistema nervoso parassimpático.

Esse sistema libera no corpo a acetilcolina, cujos efeitos são quase sempre opostos aos da adrenalina e do cortisol. Essa substância desacelera a freqüência cardíaca, diminui a pressão arterial, restaura a digestão e os movimentos peristálticos do estômago e do intestino e faz com que o organismo volte a armazenar energia. Ou seja, ela acalma o corpo e assim reduz a sensação de estresse. O bom funcionamento do sistema nervoso parassimpático, ajuda, portanto, o corpo a se recuperar depois de uma resposta ao estresse.

Mas o sistema parassimpático não entra em ação somente após o estresse. Mantemos continuamente um tônus parassimpático, isto é, um grau mínimo de ativação que age como um freio permanente sobre a resposta ao estresse. Como esse freio é constante, pequenos ajustes no funcionamento do corpo podem ser obtidos com a sua redução momentânea, sem que seja necessário recorrer à ativação do sistema simpático, cujos efeitos são sempre mais drásticos. Além disso, um freio mais forte torna, por oposição, a resposta simpática ao estresse mais controlada e ainda permite que o retorno ao normal ocorra mais rapidamente.

Uma vez que boa parte dos efeitos parassimpáticos é mediada pelo *nervo vago*, como a redução da freqüência cardíaca, o tônus parassimpático pode ser medido pelo freio que esse nervo impõe ao coração. Trata-se do "freio vagal": se ele é forte, a freqüência cardíaca se acelera bastante durante a inspiração profunda, quando o aumento da pressão dentro do tórax comprime o nervo vago e cancela o seu efeito sobre o coração. A cardiologia já descobriu que, quanto mais forte o freio vagal, mais saudável e resistente ao esforço é o coração.

Assim que o estresse acaba, o cérebro encarrega-se de ativar o freio parassimpático. Mas também podemos ajudar conscientemente nesse processo: a respiração lenta e profunda, como na meditação, aumenta imediatamente a ativação do freio parassimpático. Além disso, o exercício físico, por razões ainda não conhecidas, reforça de forma duradoura a intensidade do freio vagal e assim protege o cérebro e o coração contra os efeitos do estresse exagerado.

~

Respirar profundamente e praticar exercícios físicos com regularidade são ótimas maneiras de fortalecer o freio vagal. Isso ajuda a manter a resposta ao estresse em níveis saudáveis, diminui a percepção do estresse e faz o corpo se restabelecer mais prontamente após situações problemáticas.

CAPÍTULO 8

Aprenda a lidar com a ansiedade

Estresse, como você viu, é todo fator que exige uma resposta do corpo e do cérebro para que ambos tenham condições de lidar com a nova situação. Por exemplo: é preciso aumentar a circulação sangüínea para subir escadas, assim como é necessário deixar o cérebro mais atento na hora de responder às perguntas de um cliente ou entrevistador.

Mas nem todo estresse está diante dos nossos olhos. A prova de matemática pode ser somente no dia seguinte e, ainda assim, uma resposta preparatória a esse estresse que está por vir será organizada na véspera, como se o papel já estivesse sob o nosso nariz. Da mesma forma, a perspectiva de entregar um trabalho no prazo ou, pior, de eventualmente ficar sem trabalho deixa o corpo e o cérebro em estado de alarme, como se o problema já tivesse se instalado.

Esse estado de alarme em resposta a um estresse que existe apenas na sua cabeça – seja antecipado, imaginado ou mesmo lembrado – é o que chamamos de *ansiedade*. Ela tem a vantagem de dar ao cérebro a oportunidade de se preparar antes que ele precise lidar realmente com a questão. Isso é ótimo, porque, de certo modo, o problema já chegou mesmo – pois o seu cérebro já se preocupa com eventualmente lidar com ele.

Mas a ansiedade também tem desvantagens, todas elas oriundas da mesma fonte. Por mais que seja provável, o estresse que gera a ansiedade ainda não é real. Como ele está apenas na sua mente, a sua gravidade e o tamanho das suas conseqüências ficam totalmente por conta da sua imaginação, o que permite que o problema imaginado – e com ele a ansiedade – tome proporções absurdas.

No entanto, é o mesmo caráter virtual do estresse imaginado, ou antecipado, que torna possível aprender a lidar com a ansiedade e até tirar proveito dela: justamente porque o problema está apenas na sua mente, cabe a você – somente a você – decidir quanto ele é, de fato, motivo para tanta preocupação.

~

Para lidar com a ansiedade de modo eficiente, aprenda a limitar a resposta ao estresse antecipado às situações que são realmente dignas de preocupação.

Aproveite o que a ansiedade tem de bom

Por que as adversidades imaginadas parecem tão reais que chegam a causar dor de estômago, tensão e mal-estar generalizado? A resposta é simples: porque elas são o resultado da ativação das mesmas estruturas do cérebro que disparam alarmes em resposta a problemas reais, já materializados. Imagine-se apresentando um relatório importante na próxima semana: as suas regiões visuais ativam-se elaborando a cena em sua mente, as da fala ensaiam a sua apresentação e as que cuidam das emoções atuam como se o evento já fosse real.

O córtex pré-frontal e o hipotálamo disparam alarmes não

apenas em situações concretas, mas também quando você *imagina* acontecimentos adversos. O intermediário fundamental entre o córtex pré-frontal, que faz as projeções positivas ou negativas para o futuro, e o hipotálamo, que aciona os mesmos alarmes que a amígdala, é o hipocampo. Além de suas funções no aprendizado de novas informações, o hipocampo sabe associar memórias e projeções com as emoções correspondentes. Isso é o que torna possível se ficar irrequieto na expectativa de um encontro, feliz por antecipação com um aumento que deve chegar e apavorado com a perspectiva de perder todo o dinheiro ou com a possibilidade de ser atacado à noite na rua. Exatamente como em situações de estresse real, o *locus coeruleus* também é ativado e deixa o cérebro atento, em estado de alerta, com a imaginação dessas circunstâncias.

A preocupação antecipada pode ser muito vantajosa. Afinal, se há chances de algo dar errado no futuro próximo, sai ganhando quem começa a se preparar logo. A resposta ao estresse antecipado deixa o corpo tenso e o cérebro mais atento para o problema em questão, e isso concentra esforços mentais e corporais no assunto. Sentir um pouco de ansiedade com um prazo a cumprir, por exemplo, faz você dar mais atenção ao trabalho a terminar, o que aumenta as suas chances de concluir a tarefa no tempo certo.

O estresse por antecipação também tem uma função protetora importante. Se você ficar previamente tenso ao se imaginar vítima de um assalto em um bairro perigoso, a probabilidade de evitar passar por ali é bem maior, o que pode fazer a diferença entre você continuar vivo ou não. Do mesmo modo, a ansiedade causada por pensamentos catastróficos com relação a filhos pequenos que não estão por perto – "E se ele estiver se afogando na piscina?" e coisas do gênero – garante que os pais tomem todos os cuidados necessários para protegê-los. Basta você pensar em como seria ruim ficar desempregado que a ansiedade o fará valorizar mais o seu trabalho. Ou então imaginar como seria terrível se os seus filhos crescessem sem você, e pensará duas vezes antes de procurar diversões como pular de uma ponte amarrado a um elástico ou dirigir em alta velocidade.

~

Para ser positiva, a ansiedade precisa ser controlada e ficar dentro de limites saudáveis. Preocupações justificadas são excelentes por ganharem tempo para que o cérebro consiga encontrar uma saída antes mesmo que o problema se concretize ou até evitar que ele aconteça. Preocupações desmedidas, por outro lado, são mais do que inúteis: são nocivas.

Reconheça a ansiedade nociva

Em algum momento, todos nós pensamos em como seria ruim se perdêssemos os filhos, o emprego ou a saúde – e é bom termos essas preocupações de vez em quando, pois assim cuidamos melhor de nós mesmos e das pessoas que amamos. Essa ansiedade "útil", contudo, pode rapidamente degenerar em ansiedade crônica ou em ataques de ansiedade intensa se o próprio cérebro não for capaz de controlar os seus pensamentos negativos. Genética, pessimismo inato ou cultivado, traumas profundos e estresse crônico são fatores de risco para que o cérebro perca o controle e sofra desse tipo prejudicial de ansiedade crônica, exagerada e descabida. O dono desse cérebro morre 10 vezes antes da hora, chora sem necessidade por desgraças possíveis mas improváveis, martiriza-se por problemas inexistentes – e todo esse sofrimento é inútil. Sejamos drásticos: a realidade é que todos nós vamos morrer. Mas você não precisa nem deve viver sofrendo o tempo inteiro por causa disso.

Quando a ansiedade se torna crônica e fora de proporções,

perde a utilidade e passa a fazer mal – inclusive fisicamente, pois, ainda que o estresse seja imaginado, a resposta crônica a ele é real. Tem-se um quadro de transtorno de ansiedade. Dependendo do estudo, cerca de 20% das pessoas sofrem, em algum momento, de ao menos um transtorno de ansiedade: apresentam uma visão sistematicamente catastrófica das situações em que se envolvem ou têm algum tipo de fobia, pensamentos obsessivos, compulsões incontroláveis, sensação de morte iminente, incapacidade de apresentar-se ou falar em público ou angústia e ansiedade constantes ao ponto de não conseguirem adormecer. Nomes à parte, é importante reconhecer quando a ansiedade se torna um transtorno, sem cabimento nem utilidade, pois o único resultado dessa situação é a perda do bem-estar. Ter a capacidade de perceber quando um transtorno se instala é o primeiro passo para tratá-lo e recobrar o bem-estar.

~

A ansiedade excessiva, causada por preocupações sem propósito ou exageradas, atrapalha a nossa habilidade de lidar com problemas, corrói a saúde e afasta o bem-estar. Assim como a tristeza não justificada é sinal de doença, a ansiedade crônica, exagerada e inadequada à realidade, é prejudicial e diminui a qualidade de vida. Por esse motivo, ela deve ser reconhecida como um problema médico. Se você acredita que pode ser um candidato a um transtorno de ansiedade, busque ajuda para aprender a manejá-lo.

Aprenda a dominar a ansiedade através do pensamento

Você já ouviu falar da história do bode? Ela diz que colocar um bode malcheiroso dentro de casa pode mudar a sua vida. Não que o bode vá resolver os seus problemas, mas vai feder tanto que, por comparação, o vazamento no banheiro, a entrevista que se aproxima e as objeções ao namorado da sua filha serão preocupações menores. Basta tirar o bode de casa e – mágica! – os seus problemas acabaram. Ou quase.

Essa é, em essência, uma das abordagens da terapia cognitiva (sem o bode, é claro), cuja proposta é nos ensinar a reavaliar as situações e identificar as dimensões reais das nossas angústias. Você pode experimentar isso em casa. Basta arranjar um "bode mental" para cada situação. O encanamento pingando, por exemplo, poderia ter explodido e inundado a sua casa; você poderia nem ter conseguido a entrevista para o emprego; a sua filha poderia ter largado a faculdade e estar passando os dias drogada com o namorado. Depois, tire o "bode", e você verá que o vazamento é pequeno e pode ser consertado, você conseguiu a entrevista e a sua filha é, afinal, uma moça responsável e educada, assim como o namorado dela, mesmo que ele não seja o genro dos seus sonhos.[1]

Claro, a sua meta ainda é resolver o vazamento, passar na entrevista, proteger a sua filha e não se convencer de que nada disso é problemático nem merece a sua atenção. A ansiedade, afinal, tem os seus méritos. Mas também é o seu objetivo não morrer de ansiedade durante o processo – e é nesse ponto que o controle cognitivo da ansiedade ajuda muito.

Terapia e auto-análise nos ensinam a ter flexibilidade cognitiva para lidar com as situações, ou seja, a reconhecer que, para um mesmo problema, há várias interpretações e saídas possíveis, e por isso é essencial escolher as mais adequadas. No caso de uma

---

[1] Atenção: a abordagem do "bode mental" *não* deve ser usada por quem sofre de transtornos graves de ansiedade, pois ela pode deixar a pessoa ainda *mais* ansiosa, convencida de que o encanamento *vai* explodir, de que a filha *já é* drogada e de outros pensamentos catastróficos semelhantes.

prova importante, por exemplo, duas atitudes possíveis são estudar e considerar uma eventual nota ruim um simples contratempo. Nesse caso, uma boa maneira de lidar com a ansiedade é estudar antes e deixar para minimizar uma eventual nota baixa depois – em vez de não estudar porque já resolvemos de antemão que a prova, afinal, não é importante.

~

Quando se sentir muito ansioso, pense bem: é realmente razoável achar que a situação é assim tão ruim? Ela não poderia ser diferente e até bem pior? Encarar possíveis problemas com uma atitude positiva e realista é um excelente passo para lidar de forma saudável com a ansiedade.

Informe-se

Uma excelente forma de lidar cognitivamente com a ansiedade é obter informação. Se você se lembrar de que a ansiedade é uma resposta antecipada ao estresse imaginado, provável ou não, verá que, quanto mais dados reais você tiver sobre o acontecimento temido, melhores serão as suas chances de manter os pés no chão.

A informação não apenas estabelece quais são as dimensões reais dos problemas como mostra quais deles *não* acontecerão – e quando. Esta é a vantagem da previsibilidade: além de informarem quando algo ruim vai ocorrer, avisos prévios dizem que, no resto do tempo, o evento temido *não* vai acontecer, e você pode relaxar.

O que ocorre no consultório dentário é um bom exemplo do efeito ansiolítico da informação. Se o dentista não lhe der nenhuma informação sobre o que ele vai fazer, você ficará apreensivo durante *toda* a consulta, esperando uma dor que pode acontecer a qualquer momento por causa da broca, de injeções e de ferrinhos variados: prepare-se para viver uma hora de ansiedade martirizante. Ao contrário, se o dentista avisa a cada vez quando há chance de doer, não só a dor é menor (por causa da redução da ansiedade) como você poderá relaxar um pouco entre duas passagens da broca. Essa orientação vale para qualquer procedimento médico. Informar-se sobre os riscos reais é a melhor maneira de conter uma imaginação com tendências catastróficas.

~

Informar-se sobre os seus temores ajuda você a manter-se no presente e a afastar pensamentos ansiosos sobre um estresse improvável. Convença-se, por exemplo, de que não adianta se preocupar demais com um estresse garantido – como a broca do dentista se o tratamento de canal é inevitável – nem com tragédias improváveis, como ser atingido por um meteoro.

Expresse a ansiedade em palavras

Como você verá adiante, ter amigos e parentes queridos é um fator importantíssimo para o bem-estar. A sensação de amparo que essas pessoas nos dão é fundamental, mas elas também nos ajudam de outro modo: ouvindo. Contar os nossos temores para alguém é uma ótima maneira de lidar com eles de modo mais saudável. A razão é que, para organizarmos a ansiedade em palavras, precisamos racionalizá-la – e, no processo, podemos descobrir que as coisas não são tão ruins quanto parecem.

Além disso, colocar para fora os nossos temores é uma excelente maneira de finalizar um comportamento (como a imaginação daquilo que tememos) e, assim, poder trocar de assunto. Por isso, aliás, é tão difícil manter um segredo: a própria proibição de falar no assunto coloca o córtex cingulado anterior em alarme, monitorando as nossas palavras para ter certeza de que não daremos com a língua nos dentes. Isso também acontece com os temores reprimidos. Expresse os seus temores para alguém ou conte-lhe o seu segredo, e o seu córtex cingulado poderá enfim descansar e acabar com a ansiedade.[2] Uma forma alternativa de terapia cada vez mais em voga é a escrita, que reduz a resposta ao estresse até de pessoas que sofrem de depressão. De modo inverso, reprimir informação sobre os nossos medos pode até agravar o estresse e a depressão.

Como diz Robert Sapolsky, grande especialista em estresse, o nosso cérebro é capaz o suficiente para inventar problemas onde não há e é tolo o bastante para deixar que esses problemas imaginados dominem a nossa vida. Por sorte, ele também é capaz de controlar o poder estressante dos seus próprios pensamentos.

~

Colocar o seu problema em palavras é o primeiro passo para racionalizá-lo, o que é uma ótima maneira de separar os temores reais, justificados, daqueles infundados, exagerados. Contar o que o aflige também permite ao seu córtex finalmente parar de pensar naquilo, mudar de assunto e descansar um pouco. Terapeutas e amigos íntimos são ótimos ouvintes que podem ajudá-lo.

Evite estimulantes

Se a ansiedade é uma resposta a um estresse imaginado, substâncias que intensificam essa resposta devem exacerbar a sen-

---

[2] Disso se extrai uma dica valiosa: se você quiser que um segredo seja mantido, conte-o para duas pessoas que se conhecem, jamais a uma só e informe a cada uma delas que a outra também sabe. As *duas* pessoas, podendo aliviar os seus respectivos córtices cingulados conversando a respeito uma com a outra, ficarão menos ansiosas com o segredo e haverá mais chances de que elas não o contem aos outros. Afinal, se você mesmo não conseguiu conter o seu segredo, por que esperar que os outros o façam?

sação de ansiedade. Esse é o caso de estimulantes como a cafeína e as anfetaminas, que provocam ativação do sistema nervoso simpático. A sensibilidade à cafeína varia entre as pessoas, mas algumas xícaras por dia ou uma grande dose única podem bastar para causar agitação, dor de cabeça, vertigem e palpitações – sensações de mal-estar características da ansiedade.

~

Os estimulantes imitam a resposta do corpo ao estresse, por isso aumentam a sensação de ansiedade. Se você está ansioso ou sofre de um transtorno de ansiedade, evite consumir grandes quantidades de café, refrigerantes e chá, que contêm doses significativas de cafeína.

Cuidado com as compulsões alimentares

Somos treinados desde cedo a comer quando algo vai mal. Vezes de mais, pais, avós e babás, desesperados com o bebê inconsolável, tentam pôr fim ao choro da criança com uma mamadeira. Adultos ansiosos diante do computador ou de contas a pagar levantam-se e vão à cozinha vasculhar a geladeira ou abrir o pote de biscoitos. O pior é que isso muitas vezes funciona e nem sempre porque o problema era fome.

A ingestão de alimentos aplaca estados ansiosos porque, além de ser um convite ao sono, ativa um ansiolítico natural: o sistema parassimpático, que reverte a resposta do corpo e do cérebro ao estresse. Faz sentido: depois de você comer, esse sistema promove a digestão e o armazenamento de energia e, com isso, cancela as ações do sistema nervoso simpático, que produz a resposta ao estresse no estado de ansiedade. Mas tome cuidado para não tornar o relaxamento por ingestão de alimentos um hábito ou logo você estará devorando pacotes inteiros de biscoito a cada véspera de prova.

É preciso ter cuidado também com o álcool, outro ansiolítico potente. As bebidas alcoólicas são de fato relaxantes, para o corpo e para o cérebro. O álcool é quatro vezes ansiolítico: além de aliviar a tensão dos músculos, inibe os avisos de erro e de alerta do córtex cingulado anterior, reduz a ansiedade mantida viva pelo hipocampo e inibe o *locus coeruleus*, que em geral mantém o cérebro alerta. Mas, como você sabe, nem tudo sobre o álcool é bom. Justamente por diminuir a atividade do cingulado anterior e do hipocampo, o álcool perturba a memória e a capacidade de reagir a erros (no trânsito, por exemplo), abala o equilíbrio, restringe a capacidade que o córtex pré-frontal tem de nos impedir de dizer (e fazer) besteiras e, a longo prazo, leva ao vício e provoca danos permanentes à memória. Como se não bastasse, também engorda, pois é muito calórico.

~

A comida e as bebidas alcoólicas são ansiolíticos ao alcance de todos nós – mas tome cuidado com eles. Há maneiras melhores de lidar com a ansiedade do que consumi-los. Como você viu, reorganizar os seus hábitos e o seu pensamento é uma delas. No próximo capítulo, você conhecerá outra: o uso de substâncias ansiolíticas controladas, que são menos nocivas do que o álcool. Há ainda um terceiro recurso: o exercício físico.

Pratique atividades físicas intensas para aliviar a ansiedade

Então você passou todo o dia se preparando mentalmente para lidar, na próxima semana, com aquela entrevista temida. Como o cérebro não trabalha sozinho, uma resposta antecipada ao estresse também foi organizada, e agora você agora está cheio de cortisol e glicose no sangue, com os músculos tensos e o cérebro alerta, tudo pronto para a ação. E o estresse não chega. O que fazer?

Utilizar todos os recursos energéticos preparados para a ação pela ansiedade pode ser uma ótima idéia. Correr, chutar uma bola, dançar, remar, tudo serve – desde que faça você suar. O suor é o sinal de que o exercício é intenso o suficiente para requisitar todas as fontes de energia que o seu cérebro já tinha convocado. Se você suar até ficar exausto, não só as reservas serão consumidas como os seus músculos poderão, enfim, descansar. A atividade física também é literalmente calmante: promove a liberação de prolactina, hormônio que age no cérebro como um tranqüilizante, um ansiolítico natural.

Além de proporcionar benefícios imediatos por nos fazer suar, o exercício físico freqüente promove mais uma ação ansiolítica a longo prazo que ajuda a evitar a ansiedade exagerada: ele aumenta de forma duradoura o tônus do sistema parassimpático, aquele que exerce um freio sobre a resposta ao estresse.

Para alívio dos sedentários, o exercício físico não é a única maneira de fazer o cérebro usar os seus ansiolíticos naturais. Uma boa sessão de massagem também funciona, tanto porque relaxa os músculos quanto porque diminui a resposta ao estresse. A meditação – em parte por meio da respiração lenta e profunda – também promove a ação ansiolítica do sistema parassimpático. Por fim, buscar o aconchego e o carinho das pessoas que amamos é um dos melhores e mais agradáveis meios de que dispomos para lidar com o estresse, real ou antecipado. Caso nenhuma dessas medidas funcione no seu caso, consulte o seu médico para descobrir se você precisa de ajuda química na forma de um dos remédios que, como você verá no próximo capítulo, podem ser uma grande contribuição para o bem-estar, quando realmente necessários.

~

É útil pensar no estado de ansiedade como uma condição em que o corpo é preparado pelo cérebro para lutar contra um estresse e fica tenso na sua expectativa – mas o estresse não ocorre. Nessas horas, a atividade física intensa é uma ótima maneira de dar fim à "energia acumulada" no corpo e recuperar o bem-estar: ao sentir o corpo e relaxar, o cérebro relaxa também.

CAPÍTULO 9

Faça as pazes com os remédios

Em última análise, o cérebro é uma enorme sopa de moléculas arranjadas de maneira extremamente elaborada com um resultado extraordinário: um quilo e meio de matéria pensante. Os neurônios não só usam moléculas – substâncias químicas – para trocar informações como eles mesmos são feitos de substâncias químicas. A implicação disso é que qualquer variação, erro ou falha na química cerebral apresenta o potencial de modificar o funcionamento do cérebro – para melhor ou para pior.

A boa notícia é que, pela mesma razão, variações, erros ou falhas que atrapalhem o funcionamento desse órgão também podem ser corrigidos com substâncias químicas. É imenso o número de pessoas que podem se beneficiar de medicamentos para tratar alterações no equilíbrio químico cerebral. Por exemplo: em média 15% da população sofre de depressão em algum momento da vida; 15%, de transtornos variados de ansiedade; 12%, de insônia debilitante; 10%, de transtornos do humor; 10%, de enxaqueca; 3%, de epilepsia; 1%, de esquizofrenia – e, hoje em dia, todos os indivíduos acometidos por esses problemas podem usar remédios para levar uma vida melhor. Tudo o que isso requer é um bom médico, consciência dos possíveis efeitos colaterais da medicação e a aceitação de que um comprimido diário pode ser o que faltava para se ficar de bem com o próprio cérebro.

Para que usar medicação?

Um remédio, como o próprio nome diz, é uma tentativa de remediar um problema – no caso, de saúde. No entanto, nem todo problema de saúde requer o uso de medicação, embora todos devam ser remediados. Alguns problemas de hipertensão ou colesterol elevado, por exemplo, podem ser corrigidos com atividade física e alimentação correta, e alguns transtornos de ansiedade, com psicoterapia.

Mas outros problemas de saúde só podem ser tratados ou corrigidos com medicação, pois não respondem de modo satisfatório a intervenções ambientais nem sociais. Um estado de ansiedade elevada, por exemplo, é um estado de química cerebral alterada que, às vezes, pode ser revertido com psicoterapia ou exercício físico, tratamentos que conseguem provocar as mudanças químicas necessárias no cérebro – no caso, no sistema de regulação de respostas ao estresse. Outras vezes, no entanto, o transtorno de ansiedade é tão grave que as alterações químicas propiciadas pela atividade física e pela psicoterapia não bastam para restaurar a saúde mental. Em quadros desse tipo, o remédio é um recurso necessário – inclusive para que a psicoterapia seja possível posteriormente. No caso de outros transtornos, como epilepsia e esquizofrenia, o uso de medicação é obrigatório, pois não há terapia não medicamentosa conhecida que corrija ou compense as alterações químicas e estruturais que, durante o desenvolvimento do cérebro, causam essas doenças.

Outra questão é se todo problema de saúde tem que ser sanado. Historicamente, em muitas sociedades, indivíduos que sofriam de delírios esquizofrênicos maníacos ou induzidos por drogas eram não apenas acolhidos como até venerados como personalidades místicas. Nesse caso, por que tratar os delírios se eles não são um problema? Esta é, ou deveria ser, a base da medicina moderna: uma alteração de saúde com relação à norma que vale para a maioria só deve ser considerada doença se causar um transtorno para o indivíduo. Infelizmente, no entanto, nem sempre a pessoa consegue reconhecer que apresenta um problema sem o qual a sua vida seria melhor. É nesse ponto que o médico desempenha um papel fundamental, ajudando o paciente a reconhecer o que é ou não é um problema de saúde.

~

Se você tem um problema de saúde físico ou mental, procure um médico para identificar corretamente o problema e determinar com ele o melhor tratamento. Havendo necessidade de medicação, informe-se sobre as alternativas e os possíveis efeitos colaterais, mas lembre-se de que o mais importante é buscar uma boa qualidade de vida. Caso haja um remédio que ofereça mais benefícios do que possíveis efeitos indesejáveis, ótimo: o único objetivo deve ser fazer com que você se sinta melhor.

Acreditar é o primeiro passo

Buscar ajuda é um excelente começo. Estudos mostram que, antes mesmo do início de qualquer tratamento, a consulta com um médico já é suficiente para proporcionar um pouco de bem-estar ao paciente. Por exemplo, receber a atenção de um ator bem treinado para ouvir, perguntar, examinar e mostrar interesse como se ele fosse realmente um médico basta para propiciar o efeito benéfico *inicial* de uma consulta. Isso mostra que contar com a atenção de um especialista da área de saúde e acreditar nele é o primeiro passo para recuperar o bem-estar.

Essa é a base do efeito placebo, a melhora propiciada por uma substância ou intervenção clínica sem nenhuma ação terapêutica intrínseca. Assim funciona a homeopatia, um sistema de tratamento baseado em longas consultas com médicos que se interessam até por nossa preferência por comidas doces ou salgadas e receitam pílulas ou gotas à base de substâncias diluídas tantos trilhões de vezes que a chance de haver uma única molécula da droga original no vidrinho é ínfima. Se não há nem sequer uma molécula da droga na dose que ingerimos, ela não pode surtir efeito.

Ainda assim, boa parte dos pacientes insiste que a homeopatia *faz* efeito, notadamente sobre distúrbios relacionados ao estresse, como asma, alergias e problemas gastrintestinais. De fato, faz – mas não por causa dos remédios homeopáticos, e sim porque o paciente *acredita* que recebeu tratamento. A homeopatia ajuda naqueles casos em que o placebo dá resultados.

E o efeito do placebo é real, ou seja, fisiológico: ele depende da produção de analgésicos opióides pelo próprio cérebro, que, reconfortado pelo médico, é levado a acreditar que dali em diante tudo vai melhorar. Se os seus efeitos forem bloqueados com naloxona, substância que impede a ação dos opióides, o placebo deixa de funcionar.

Mas atenção: na maioria dos casos, ser reconfortado por um médico ou mesmo por um ator que de fato pareça interessado na saúde da pessoa *não* basta para deixar ninguém saudável de novo. Acreditar na cura não reverte câncer, diabetes nem salva pacientes de um infarto – embora seja uma ótima maneira de começar um tratamento com medicamentos, quando esse é o caso.

~

A simples consulta a um médico produz efeitos químicos sobre o cérebro que aliviam a dor e proporcionam bem-estar, além de inspirarem uma atitude positiva em relação à vida e a eventuais doenças.

Mas não pare aí: quando os medicamentos forem necessários, reconheça o poder que eles têm de mudar a sua vida para melhor.

Tudo é química

Muitas pessoas recusam terminantemente tratamentos com "substâncias químicas". Se esse for o seu caso, pense de novo: os alimentos orgânicos que você escolhe com tanto cuidado para ingerir estão cheios dessas substâncias. Na verdade, eles são *feitos* delas – como qualquer planta, pedra, chá fitoterápico ou comprimido. *Você é feito* de substâncias químicas. Portanto, não lhes queira mal.

Desfeita essa confusão, a crítica seguinte é a de que somente os "remédios naturais" são, é claro, "naturais", e não compostos químicos fabricados pelo ser humano. É verdade, mas isso não os torna bons, seguros nem mesmo inócuos. Veja o caso da atropina: essa é uma substância medicinal absolutamente natural, fabricada por uma linda planta chamada beladona. Os seus poderes naturais incluem dilatação das pupilas e alívio de cólicas menstruais e de acessos de asma e bronquite, mas também taquicardia, alucinações e... morte. A ingestão de apenas cinco bagas dessa planta pode ser letal. Considere agora a ergotamina, substância produzida organicamente por um fungo que infesta o trigo e o centeio: além de atenuar crises de enxaqueca, ela pode matar. Assim ocorre também com a cocaína (alcalóide psicotrópico natural das folhas da coca), digitalina (substância presente na dedaleira, erva que causa parada cardíaca) e a conicina (toxina letal produzida pela cicuta, planta que pode ser confundida com o agrião). Todas essas são substâncias "naturais" – e extremamente perigosas, que tanto curam quanto matam, dependendo da dose.

Em princípio, não há nada de errado com os remédios ditos naturais – isto é, desde que você saiba a dose que está tomando e tenha alguma garantia de que não há outras substâncias naturais indesejáveis no pacote, como terra, pedaços do cogumelo venenoso que crescia naturalmente ao lado da plantinha que você vai ingerir nem fungos carcinogênicos. Além disso, um "remédio natural" é um pacote do tipo "pague um e leve muitos". O simples café, por exemplo, a infusão mais consumida no planeta, é uma mistureba de mais de 200 substâncias químicas. Com bebidas assim, você toma o que quer – cafeína, por exemplo –, correndo o risco de ingerir também o que não quer, como uma série de outras xantinas, teofilina e teobromina, que afetam o cérebro, o coração e os pulmões.

É evidente que as plantas possuem milhares de substâncias medicinais, algumas certamente ainda desconhecidas da ciência e com efeitos benéficos insuspeitos. Na verdade, as substâncias oferecidas hoje nas farmácias são, em sua maioria, cópias fabricadas em laboratório de moléculas sintetizadas pela natureza (como a ergotamina do fungo do trigo) ou são produtos aperfeiçoados a partir dessas substâncias para ter ações mais específicas sobre o cérebro, em doses menores e com menos efeitos colaterais indesejados. Se remédios naturais fossem a saída perfeita, a indústria farmacêutica não existiria. Afinal, ervas crescem em qualquer canteiro e custam apenas centavos.

Mas a chance de que um desses "fitoterápicos naturais" se mostre mais como um problema do que como uma solução é muito grande. A concentração desconhecida dos seus princípios ativos, a possibilidade de estarem contaminados e a probabilidade de conterem outros compostos perigosos tornam os comprimidos fabricados de maneira controlada uma alternativa altamente desejável aos "chazinhos naturais". Para pôr fim a uma dor de cabeça, por exemplo, você pode tomar um macerado de casca de salgueiro, com todos os restos de besouros e aranhas e urina de animais que passaram pela árvore, ou optar por uma aspirina limpinha da cartela vendida na farmácia. Pense bem: por maior que seja a sua desconfiança em relação às agências governamentais de vigilância, a indústria farmacêutica é mais controlada do que muitos quintais onde crescem ervas naturais; o comprimido possui a substância de que você precisa, e somente ela, sem terra nem contaminantes; e a dose é especificada e controlada com uma precisão de décimos de miligrama. Qual é o chá que oferece essas garantias?

~

Não torça o nariz para os remédios sintéticos. Eles são a sua garantia de pureza e precisão, uma apresentação das substâncias químicas de que você necessita – e só delas – mais segura do que a oferecida pela natureza.

Se houver necessidade, aceite os "remédios para a cabeça"

Tomamos, sem grandes preocupações, pílulas para a dor, para o coração, para a pressão arterial elevada e para muitos outros problemas. Então por que tantas vezes resistimos a tomar remédios "para a cabeça"?

Um argumento comum é que esses medicamentos seriam perigosos. De certa forma, são – mas não mais do que outros remédios. Ingerir por descuido uma dose excessiva de barbitúricos, um tipo de calmante, pode causar a morte, mas uma overdose de pílulas para o coração ou até mesmo de aspirina pode ser letal também. Os remédios dão resultado porque são substâncias químicas capazes de interferir na química do corpo, e é justamente por essa razão que eles também podem destruí-lo. Os fatores que fazem a diferença são os seguintes: se há de fato um problema a ser corrigido com a medicação, se o remédio utilizado é o correto e se ele está sendo consumido na dose certa.

Outro argumento comum e mais razoável é o temor de que a medicação mude a nossa maneira de pensar, agir e sentir: em outras palavras, que faça com que você deixe de ser *você*. Essa é uma preocupação sensata. No entanto, em linhas gerais, se há necessidade de tomar um remédio "para a cabeça", é exatamente porque algo não vai bem com você, e o seu pensamento, as suas ações e as suas emoções precisam ser ajustados.

Não há dúvida de que determinados remédios produzem efeitos colaterais indesejados sobre a atividade mental, como letargia, sonolência e lentidão de pensamento. Outras medicações têm reações adversas apenas sobre algumas pessoas. Como a química corporal é diversa e as razões possíveis para um mesmo transtorno são muitas, não é razoável esperar que um único remédio resolva todos os casos de depressão, de ansiedade ou mesmo de dor de cabeça. Hoje em dia, no entanto, a variedade farmacológica disponível já é suficiente para que tratamentos alternativos possam ser testados individualmente e ajustados a cada pessoa.

O mais importante é que, se a medicação é adequada e não tem efeitos colaterais indesejados, no fim das contas continuaremos a ser quem sempre fomos. A ação de um remédio depende do cérebro que ele encontra, e a nossa história de vida, a nossa lógica, os nossos hábitos, as nossas habilidades e as nossas preferências permanecerão iguais. Certo, você pode dizer que existe um "você sem remédios" e um "você com remédios" – mas, se a medicação é realmente necessária, o "você com remédios" deveria apenas ser sinônimo de "você com uma vida melhor". Pergunte-se, por exemplo, se você *é* uma pessoa deprimida, ansiosa ou obsessiva ou se *está* deprimido, ansioso ou obsessivo sem razão e, nesse caso, se gostaria de deixar de estar.

~

Caso você precise de um "remédio para a cabeça", mas rejeita a idéia de tomá-lo, tente entender a causa da sua resistência, sobretudo se você não se opõe ao uso de medicação para o resto do corpo. Lembre-se também de que as mesmas razões biológicas e ambientais que o tornam diferente de um amigo seu fazem com que o remédio que resolve o problema dele não seja necessariamente adequado para você. Converse com o seu médico e discuta quanto a sua vida pode ganhar em qualidade com a medicação certa.

Depender de remédio não é necessariamente ruim

Digamos que você sofre de um transtorno de ansiedade que o faz demorar meia hora todos os dias antes de sair de casa apenas para conferir se todas as portas estão trancadas. Imagine que esse problema o torna também objeto de gozação no trabalho por causa das pilhas de papel que você alinha milimetricamente sobre a mesa, além de deixá-lo com as mãos sempre esfoladas por lavá-las 100 vezes ao dia com detergente e água escaldante. Esses transtornos o incomodam tanto que você decide procurar uma psiquiatra. Ela lhe receita um remédio que se mostra eficaz: em pouco tempo você volta a sair com os seus amigos sem deixá-los esperando à porta, não perde mais tempo ajustando a posição das folhas de papel na mesa e consegue ter as suas mãos saudáveis novamente. No entanto, em uma nova consulta, quando você já se considera curado, a médica lhe diz que, para permanecer bem, você precisará tomar a medicação diariamente pelo resto da vida. O que você faz?

Uma resposta comum seria, infelizmente, parar de tomar o remédio por não querer ficar "preso a ele pelo resto da vida". Será que é mesmo necessário fazer uso de uma medicação para sempre? Isso não é uma forma de dependência? Tomar um remédio por toda a vida não é ruim?

De fato, alguns distúrbios não têm cura, apenas tratamento para o resto da vida, o que extingue as crises e evita a instalação de novos surtos. Esse é o caso do transtorno obsessivo-compulsivo, da ansiedade crônica, da esquizofrenia, da depressão, da mania, da bipolaridade e da epilepsia, por exemplo. Enquanto não for possível transformar a estrutura cerebral nem restaurar genes problemáticos de modo definitivo, a correção de distúrbios crônicos precisa ser feita e mantida diariamente com medicação adequada para que o equilíbrio cerebral restabelecido permaneça. Todo o equilíbrio químico e funcional obtido com o remédio é desfeito e perdido quando, passada a crise, o paciente se considera curado e abandona o tratamento. Com isso, a sua chance de sofrer uma nova crise e passar por todo o processo de novo volta a ser tão grande quanto antes.

Se tomar medicação todos os dias é ruim, no entanto é uma questão de ponto de vista. O "tratamento para o resto da vida" soa bem melhor quando se considera que muitas condições médicas hoje *têm* tratamento. Uma simples mudança de atitude pode fazer com que isso seja considerado uma bênção. Graças à medicação diária, milhões de pessoas no planeta podem levar uma vida normal e até se esquecer de que sofrem de distúrbios debilitantes, como depressão grave ou transtorno obsessivo-compulsivo. Esses indivíduos têm a chance de viver normalmente, de forma rica e plena, e serem saudáveis como muitos outros – enquanto tomarem o seu remédio todos os dias.

Claro que é indesejável depender de algo externo ao corpo para ter bem-estar. Mas isso não é novidade nem se aplica somente a remédios. Quem fica conhecendo os benefícios proporcionados pelo sabonete, pela escova e pela pasta de dentes não quer mais viver sem eles. É uma dependência boa, que deixa a vida melhor e cujas vantagens compensam de longe o transtorno eventual de, por exemplo, ficar sem sabonete em casa (um telefonema para a farmácia da esquina resolve o problema), bem como o risco de efeitos colaterais, como irritações na pele por uso excessivo ou inadequado do produto. Hoje em dia, temos a alternativa de tratar os nossos transtornos – e a decisão de usá-la em prol de uma vida mais feliz está em nosso poder.

~

"Depender de um remédio para sempre" é algo que você pode interpretar de maneira bastante positiva. Se a medicação de fato melhora o seu bem-estar e o mantém a salvo de novas crises, prefira dizer: "Que bom que existe este remédio que eu posso tomar para sempre e me sentir melhor." Além disso, é provável que em breve sejam desenvolvidas medicações ainda mais eficazes para o seu caso. Consulte o seu médico regularmente e mantenha-se informado.

Desconfie das drogas milagrosas

As mesmas substâncias desenvolvidas para sanar distúrbios químicos e funcionais do cérebro podem, evidentemente, agir também sobre o cérebro normal. Se elas solucionam problemas, não poderiam fazer o cérebro saudável trabalhar ainda melhor? Que tal seria tomar uma pílula que deixasse o seu cérebro mais atento, menos cansado, capaz de aprender com mais facilidade e mais rápido, ainda que você não tivesse nenhuma dificuldade de memória? Ou um comprimido que tornasse o seu cérebro ainda mais feliz, apesar de você já se sentir bem?

O "aprimoramento cognitivo" por meio do uso de fármacos é uma área de pesquisa em crescimento desde que se constatou que drogas como as anfetaminas deixam o cérebro mais "ligado" e que alguns remédios empregados no controle de doenças degenerativas, como o mal de Alzheimer e o mal de Parkinson, podem melhorar algumas capacidades cognitivas de pessoas saudáveis. Essas medicações aumentam a concentração de substâncias como a acetilcolina ou simulam a ação de outras, como a noradrenalina, que estão presentes naturalmente no cérebro e são necessárias à atenção. Uma nova classe de substâncias em teste hoje são as moléculas que potencializam a ação das proteínas responsáveis pelas mudanças neuronais que constituem a base do aprendizado.

Há muitas e boas razões, no entanto, para termos cautela em relação a drogas que se propõem a aumentar as capacidades cognitivas do cérebro normal e saudável. Sem entrar no mérito da ética de alguém usar substâncias químicas para levar vantagem sobre as capacidades naturais do cérebro de outras pessoas, existe um motivo muito importante para se ter prudência. Como os farmacologistas gostam de dizer, toda droga tem dois efeitos sobre o corpo: um que conhecemos e outro que desconhecemos. Se não há necessidade de tomar um remédio para recuperar o bem-estar perdido com uma doença, por que transformar o cérebro em um campo de provas? No cérebro, sobretudo, é quase certo que drogas potencializadoras terão efeitos secundários, já que um número pequeno de substâncias químicas tem ações diversas em partes diferentes do cérebro, e geralmente não é possível restringir a ação de um fármaco a apenas uma dessas ações ou parte do cérebro. Como resultado, você espera o efeito A, mas ganha compulsoriamente o efeito B também, que pode não ser desejado.

Outro motivo para cautela é que o princípio de "aumentar" a atividade dos neurônios além do seu nível normal é baseado em uma premissa equivocada: a de que isso seria possível a longo prazo. Substâncias que interferem nos níveis de neurotransmissores como a serotonina ou a dopamina são úteis no tratamento de distúrbios em que os mecanismos que ajustam esses níveis estão perturbados. Sabe-se, no entanto, que, quando esses mecanismos funcionam, eles regulam a atividade dos neurônios de modo contínuo. Por esse motivo, um neurônio que se tornasse excessivamente ativo pela ação de um "potencializador cognitivo" tenderia a sofrer ajustes para voltar ao seu nível normal mesmo na presença da substância. Dessa forma, a chance de que substâncias que "melhoram" o funcionamento neuronal deixassem de surtir efeito no cérebro normal seria considerável – uma situação parecida com a do cérebro que se habitua a operar com níveis elevados de cafeína, o potencializador cognitivo mais usado no planeta.

Testada há séculos, a cafeína continua sendo um dos potencializadores cognitivos mais seguros e eficazes – e ainda assim causa problemas. Os seus efeitos positivos sobre a atenção e a capacidade de aprendizado são evidentes apenas em pessoas já cansadas e envolvidas em tarefas maçantes, e não em quem está relaxado e atento. Na verdade, doses excessivas dessa substância acabam piorando o desempenho por desencadearem no corpo e no cérebro respostas intensas ao estresse – além de poderem provocar convulsões, sem falar em úlcera e taquicardia. A droga disponível no mercado que de fato melhora a atenção e acelera o aprendizado até de quem já está atento é a nicotina – e os efeitos colaterais do seu consumo, geralmente na forma de cigarro, são bem conhecidos. O vício e o risco aumentado de sofrer de câncer de boca e de pulmão parecem um preço caro demais por um ligeiro aumento da atenção.

Por fim, lembre-se de que o bem-estar depende da capacidade que o cérebro possui de criar bons pensamentos, gerar ações positivas e apreciar tanto esses pensamentos quanto essas ações e os seus resultados – e até de saber ficar triste nas horas certas, quando a tristeza for a resposta adequada aos acontecimentos. Não são os antidepressivos que deixam o cérebro feliz; esses remédios apenas restauram a sua capacidade de se fazer feliz.

~

Desconfie de comprimidos que prometem mais memória, inteligência ou felicidade ao cérebro saudável. O caminho para o bem-estar depende do equilíbrio no funcionamento desse órgão. Os remédios são muito úteis para ajudar a restabelecer esse equilíbrio quando as vantagens que eles proporcionam excedem o risco de efeitos colaterais indesejados. Se o seu cérebro já é saudável, o meio mais seguro de aprimorá-lo é usá-lo cada vez mais e melhor. Como você verá adiante, o segredo para aprender mais e aumentar a memória é... aprender mais e usar a memória!

CAPÍTULO 10

Combata o estresse crônico

Muitos dos males da vida moderna são devidos ao estresse crônico: uma sensação permanente de falta de dinheiro, de segurança, de conforto, de saúde, de apoio, de tempo. É evidente que a forma mais eficaz de não sofrer dos vários males associados ao estresse – como hipertensão, obesidade, ansiedade e depressão – é não ter estresses crônicos na vida. Utopia, você dirá.

Se você não tem meios de evitar o estresse crônico, a alternativa é aprender a lidar com ele da melhor maneira possível.

~

Esta é uma pequena lista de ações saudáveis para lidar com o estresse crônico que serão detalhadas a seguir: ter ao menos alguma sensação de controle; conseguir antecipar os acontecimentos negativos e lidar com eles um a um; dar vazão à frustração de um jeito saudável; praticar atividades físicas; contar com apoio social; e conseguir reconhecer quando a situação melhora.

Cortisol em excesso é um problema

Como você viu no capítulo 7, o estresse agudo, desde que não seja extremo, pode ser ótimo. A nossa resposta imediata a ele nos deixa mais alerta, cheios de energia e até melhora as defesas do corpo. A resposta ao estresse foi feita para nos ajudar a lidar prontamente com emergências: preocupações crônicas com salário, segurança e relacionamentos não estavam nos planos da evolução.

A situação começa a mudar quando a causa do estresse não vai embora, apesar de todas as respostas do corpo e do cérebro para que fiquemos mais aptos a resolver logo o problema. Se o estresse dura mais de uma hora, o nível de cortisol se eleva demais e pára de aumentar as defesas do corpo. Nos casos em que ele se torna crônico e se estende por vários dias ou quando um estresse se segue ao outro, o nível de cortisol liberado no sangue sobe mais ainda e começamos a ser candidatos aos diversos males causados pelo excesso desse hormônio. Enquanto o estresse agudo é bom, o estresse crônico é um problema – e o grande culpado parece ser o cortisol.

Um dos males mais conhecidos da resposta sustentada ao estresse é a hipertensão, ou elevação crônica da pressão com que as artérias comprimem o sangue que passa por elas. O alto nível de cortisol resultante da resposta crônica ao estresse faz com que o sistema cardiovascular reaja de forma exagerada à ação do sistema nervoso simpático e as artérias fazem mais força do que deveriam para comprimir o sangue e mantê-lo circulando.

Mas a hipertensão não é o único dos problemas associados ao estresse crônico. Vamos à lista. O estresse crônico enfraquece o freio vagal, aquele que desacelera o coração após o estresse agudo e mantém a freqüência cardíaca saudavelmente reduzida. Desse modo, o coração fica mais vulnerável, sobretudo se a hipertensão já tiver se instalado, e o risco de doenças cardiovasculares cresce. O desejo sexual diminui devido à supressão da liberação de hormônios sexuais (em termos evolutivos, reproduzir-se é uma péssima idéia quando a vida está tomada pelo estresse). Além disso, os homens podem sofrer de impotência (pois é difícil conseguir atividade parassimpática suficiente para uma ereção quando se está estressado) e de ejaculação precoce (comandada prematuramente pela ativação simpática exagerada pelo estresse). As reservas de gordura abdominal aumentam (ou seja, engordamos), pois o corpo se prepara para um período difícil e de duração desconhecida. Há uma queda na produção do hormônio do crescimento, o que atrasa o desenvolvimento dos bebês e acelera o envelhecimento dos idosos. As defesas do corpo caem, intensificando o risco de doenças.[1] O nível elevado de cortisol durante o estresse crônico afeta também o cérebro de forma direta e amplia as chances de que distúrbios mentais, como a ansiedade e a depressão, se instalem, como você lerá mais adiante.

~

O estresse crônico é um grande inimigo do bem-estar. Muitos males da vida moderna – como obesidade, hipertensão, disfunções sexuais – decorrem dele, pois são causados por altos níveis de cortisol no sangue. Faça o possível para impedir que o estresse crônico se torne uma constante em sua vida.

---

[1] Justamente por bloquear a resposta imunitária do corpo, o cortisol é uma medicação importante no tratamento de várias doenças inflamatórias e autoimunes, como o lúpus e a artrite. Por todas as razões já descritas, tratamentos a longo prazo com essa substância devem ser criteriosos. Discuta alternativas com o seu médico.

As doenças causadas pelo estresse

Somos todos presas fáceis de resfriados durante períodos de estresse crônico, como as semanas de preparação para provas ou apresentações no trabalho. A razão já é conhecida: a resposta prolongada ao estresse debilita o sistema de defesa do corpo e reduz a presença de anticorpos na saliva e nas vias nasais. Por isso, a chance de sucumbir ao rinovírus, que causa o resfriado comum, é três vezes maior em épocas assim. O estresse social que se arrasta por mais de um mês é o que apresenta o maior risco de nos nocautear e nos deixar de cama justamente quando deveríamos estar de pé, pegando no batente.

Há outros vírus oportunistas menos comuns, latentes como os que causam herpes, catapora e mononucleose, que afloram somente em tempos de estresse crônico. Esses vírus medem o nível de cortisol no sangue e esperam para atacar quando o cortisol está alto e as defesas do corpo, baixas. Até mesmo o HIV, que não é influenciado pelo cortisol de forma direta, debilita o sistema de defesa do corpo com mais rapidez em pessoas que sofrem com o estresse crônico mais intensamente e não contam com os efeitos antiestresse do apoio social ou perdem entes queridos.

As úlceras são igualmente comuns em tempos de estresse. O rompimento da parede do trato gastrintestinal é resultado da combinação de uma série de fatores, entre eles a presença da bactéria *Helicobacter pylori* no estômago – mas o estresse crônico aumenta em duas ou três vezes a chance de que a infecção provoque de fato uma úlcera. Episódios da síndrome do intestino irritável, com dor e distensão abdominal, diarréia ou constipação na ausência de lesões aparentes, também são mais freqüentes durante períodos de estresse crônico.

~

A lista continua. Diabetes, aterosclerose, doenças cardiovasculares, infarto, acidentes vasculares cerebrais... São muitas as falhas no corpo quando ele se vê obrigado a lidar cronicamente com adversidades. No entanto, há maneiras de protegê-lo em tempos de estresse crônico. Consulte o seu médico.

Do estresse aos problemas mentais

O estresse crônico faz mal ao cérebro. Ou melhor: quantidades excessivas de cortisol agindo semanas a fio sobre esse órgão prejudicam os neurônios, principalmente os que compõem o hipocampo, a estrutura responsável pela formação de memórias novas e pelo controle da própria resposta ao estresse.

Para começar, o cortisol elevado reduz em um quarto a quantidade de glicose que o hipocampo recebe. Para um cérebro saudável isso não faz muita diferença; mas para um cérebro que já esteja em dificuldades por causa de hipertensão, há mais riscos para os neurônios do hipocampo. Durante um acidente vascular cerebral, por exemplo, quando o suprimento de oxigênio para o cérebro é reduzido, quanto mais alto é o nível de cortisol no sangue, mais neurônios morrem no hipocampo e maior é a chance de que o episódio deixe seqüelas neurológicas.

Com o estresse prolongado, o hipocampo perde neurônios e se atrofia, e assim a resposta ao estresse escapa ao controle, como você verá em detalhes no capítulo 11. Resultado: registram-se níveis ainda mais altos de cortisol, que acentuam a atrofia do hipocampo, que leva a concentrações ainda mais significativas de cortisol... formando-se assim um círculo vicioso em que a resposta ao estresse toma proporções assustadoras, com grandes chances de que distúrbios de ansiedade se instalem.

O excesso de cortisol da resposta crônica exagerada ao estresse causa ainda uma redução na liberação de dopamina no sistema de recompensa e a morte de neurônios nesse sistema. Com isso os prazeres e a motivação desaparecem.[2] Caso haja uma queda também na liberação de noradrenalina pelo *locus coeruleus*, o grau de atenção diminui. Se esse processo for acompanhado de uma herança genética desfavorável e de um quadro de ansiedade já instalado, o caminho para a depressão estará aberto. E tudo terá começado com um estresse que não ia embora.

No entanto, se nenhum distúrbio mental se instalar, a atrofia do hipocampo e o conseqüente descontrole da resposta ao estresse serão revertidos espontaneamente assim que o período de estresse crônico acabar. Livres do excesso de cortisol, os neurônios do hipocampo se levantam, sacodem a poeira e conseguem regenerar as suas conexões.

~

Sem controle, o estresse gera mais estresse e pode acabar provocando distúrbios mentais, principalmente na terceira idade. É fundamental intervir antes que ele cause comprometimentos mais graves ao cérebro, como distúrbios de ansiedade ou do humor. Se já for tarde demais, procure ajuda médica para lidar com a situação.

Assuma o controle da situação...

Eis uma das piores coisas que se podem fazer com uma pessoa: ensinar-lhe que ela não tem nenhum controle sobre a sua vida,

---

[2] Curiosamente, o aumento rápido do nível de cortisol no sangue "dá barato" antes de fazer estrago: é comum que, ao começarem um tratamento com doses elevadas de hidrocortisona, alguns pacientes sintam-se eufóricos por alguns dias e, em seguida, sucumbam à depressão.

muito menos a capacidade de evitar acontecimentos ruins. O resultado disso é o que chamamos de *impotência aprendida*.[3] Mesmo quando há saída, quem aprendeu que não adianta reagir diante de problemas nem sequer procura encontrar uma solução. Se não vai funcionar mesmo, por que tentar?

Dezenas de estudos mostram o que acontece nesses casos, que são especialmente graves quando as lições de impotência começam ainda na infância. Esses indivíduos têm uma percepção negativa do mundo, sofrem de ansiedade crônica, apresentam respostas exageradas ao estresse agudo e crônico e são acometidos freqüentemente por doenças.

De modo inverso, a sensação de ter algum domínio sobre a situação reduz diretamente a resposta ao estresse e favorece a saúde. Até a sensação de dor diminui quando se tem controle sobre a administração de analgésicos: em um estudo, os pacientes que podiam escolher quando tomar opióides para a dor intensa pós-operatória acabaram consumindo menos analgésicos do que os que dependiam da intervenção de enfermeiras. A sensação de controle é fundamental até no caso de indivíduos saudáveis: músicos de orquestras de câmara, que desfrutam de um nível de autonomia bem maior do que teriam nas grandes orquestras, são mais saudáveis, mais satisfeitos e menos estressados do que os integrantes destas últimas.

Estudos com idosos em asilos atestam os efeitos deletérios da sensação de impotência. Quando essas pessoas adquirem algum controle sobre a própria vida, elas ficam mais felizes, mais ativas, mais sociáveis e apresentam uma significativa melhora na saúde. Pequenas decisões já servem: ter o poder de determinar quando

---

[3] Também conhecida como "desamparo aprendido".

regar as suas plantas, o que comer no dia seguinte, como decorar o quarto ou quando receber visitas reduz a resposta crônica ao estresse e aumenta a imunidade e o bem-estar de modo geral. A ajuda, ainda que bem-intencionada, é muitas vezes prejudicial: os resultados são melhores quando se encoraja o idoso, assim como qualquer indivíduo com dificuldades, a acreditar que ele mesmo pode lidar com a situação.

O interessante é que a *sensação* de controle é mais importante do que o controle em si. Por exemplo: se dermos um botão a uma pessoa e pedirmos a ela que o aperte sempre que sentir dor ou achar que o ambiente está barulhento demais, a sua resposta a esses fatores de estresse será mais saudável – mesmo que o botão não tenha nenhum efeito sobre a dor nem sobre o som. A importância da sensação de controle também explica por que ficamos menos ansiosos dirigindo o nosso próprio carro do que viajando de avião, embora as estatísticas mostrem que o avião é muito mais seguro. Não importa: na aeronave somos apenas passageiros à mercê do piloto. Em nosso carro, o piloto somos nós.

~

Durante épocas de estresse crônico, avalie a situação de modo realista. O que está em seu poder e o que foge ao seu alcance? Concentre-se em pequenos passos e em sentir-se no controle. Imagine que a situação poderia ser muito pior, principalmente se você não pudesse fazer nada a respeito. Caso você trabalhe com prazos, estabeleça as suas próprias metas a cumprir antes *que o prazo real vença. Desmembre missões complexas, como um projeto inteiro, em pequenas tarefas que sejam mais fáceis de controlar e conquistar – elas lhe darão o prazer de terminá-las enquanto o fim definitivo da missão não é alcançado.*

...ou não assuma o controle

Em princípio, a sensação de impotência diante dos acontecimentos é um dos agravantes mais terríveis do estresse crônico. Mas ela nem sempre é ruim. É ótimo, de fato, quando algo moderadamente negativo acontece e nós conseguimos pensar que poderia ter sido pior, caso não estivéssemos no controle. No entanto, é péssimo exigir de nós mesmos o domínio sobre tragédias incontroláveis. Nesses casos, é melhor reconhecer que, afinal, não havia nada que pudéssemos fazer.

Procurar ter controle absoluto de todas as coisas também é uma péssima idéia. Em primeiro lugar, porque uma vida regulada ao extremo seria entediante: imaginar uma rotina de trabalho totalmente ordenada deveria bastar para fazer qualquer um desistir do projeto. Além disso, seria não só inviável como estressante demais esperar ter o domínio de tudo. A sabedoria está no meio-termo, como diz a Oração da Sabedoria – atribuída ora ao teólogo Reinhold Niebuhr, ora a São Francisco de Assis e adotada pelos Alcoólicos Anônimos: "Senhor, dai-me a serenidade para aceitar o que não pode ser mudado; a coragem para mudar o que pode ser mudado; e a sabedoria para distinguir uma coisa da outra."

De fato, quem lida de modo saudável com o estresse tende a querer assumir o controle de um estresse real, e não de adversidades passadas, de eventos futuros incontroláveis nem de problemas inexistentes ou tão irremediavelmente graves que não têm solução.

Nesse contexto, é preciso lembrar que a religião, tantas vezes fonte de apoio e consolo, é uma faca de dois gumes. Enquanto proporcionar uma sensação de controle sobre os acontecimentos ruins – por exemplo, porque está ao nosso alcance orar para conquistar graças –, ela pode ser ótima.[4] Por outro lado, e pela mesma razão, ela também pode tirar das nossas mãos toda e qualquer sensação de controle quando toda a esperança alcançada à custa de orações se mostra ilusória. A religião pode oferecer alívio – mas também pode ser causa de estresse.

~

Por mais que a sensação de controle possa ser benéfica, é fundamental reconhecer situações incontroláveis e não tentar assumir responsabilidade por elas. Às vezes não há nada a ser feito – e, por mais que doa, é mais saudável aceitar aquilo que não se pode mudar do que continuar lutando inutilmente.

Seja otimista

A percepção de que as coisas estão melhorando é um fator importante para lidarmos com o estresse crônico. A melhora não precisa ser completa nem imediata; basta que ela seja palpável. Em longos períodos de estresse, dê importância às pequenas vitórias e comemore-as. O fundamental é ter a sensação de que há uma luz no fim do túnel.

~

Dê a você mesmo uma luz no fim do túnel, algo que o incentive a resistir durante as dificuldades. Aproveite a capacidade de imaginação do seu cérebro e pense em como a sua vida será melhor quando tudo tiver passado. Enquanto isso, concentre-se em lidar com a situação aos pouquinhos para sempre ter uma pequena vitória a comemorar.

---

[4] Um aviso aos mais devotos: embora as preces possam ajudar quem ora a reduzir o estresse, não há nenhuma comprovação de que ser o objeto das preces de alguém melhore a saúde. Como bem observou o cientista Francis Galton no século XIX, os membros da realeza européia viviam tanto quanto quaisquer outras pessoas – apesar de haver um número enorme de bispos, padres e camponeses orando por eles todos os domingos.

Não desconte nos outros

Em tempos de estresse crônico, é muito importante poder dar vazão à frustração – que é a sensação de falta de controle sobre aquilo que desejamos dominar. Como você viu, uma vez que a resposta ao estresse deixa o corpo e o cérebro preparados para a ação, não poder agir em relação a um problema é duplamente frustrante: nem a questão se resolve nem a energia organizada para a ação é usada. Além disso, como os circuitos responsáveis pela raiva se armam, o resultado é um animal pronto para atacar o que passar na sua frente.

Entre primatas, é comum ver o animal dominante descarregar a sua frustração e agressividade sobre um subordinado, que, por sua vez, desconta a sua frustração agredindo gratuitamente outro animal ainda mais fraco – e assim se desenrola a história da agressão em cadeia, até que um filhote, o mais frágil de todos, seja atacado. E tudo devido à frustração.[5]

Para que as coisas não cheguem a esse ponto, é útil saber evitar a frustração. Em tempos de estresse crônico, pequenos problemas, como um engarrafamento, podem adquirir proporções exageradas e causar uma sensação de frustração absolutamente descabida. Nessas horas, é conveniente exercer um pouco de controle cognitivo e colocar a situação em perspectiva. A ansiedade não fará com que o engarrafamento desapareça e, se o nó no trânsito não é culpa sua, por que ficar frustrado tentando resolvê-lo em vão?

[5] Também existe, é claro, a agressividade gratuita e imprevisível, uma ótima maneira de mostrar aos subordinados quem é que manda. Essa, aliás, é a base do terrorismo. Se serve de consolo, o terrorismo não é invenção humana.

~

Dê vazão à sua frustração, mas encontre maneiras de fazer isso sem prejudicar os outros: não se livre do seu estresse tornando-se um estresse para alguém. Há meios saudáveis de descontar a frustração, desviando a sua energia para outras coisas, como uma bola, esteiras ergométricas ou pistas de atletismo. A atividade física é uma ótima válvula de escape que não faz mal a ninguém: ao contrário, promove o bem-estar.

Distraia-se

Uma das características mais importantes das válvulas de escape para a frustração é que, além de diminuírem a tensão (aquela energia acumulada pela resposta metabólica ao estresse), elas desviam a nossa atenção da causa do estresse. Se você está frustrado por não conseguir resolver um problema crônico e pensar nele está consumindo o seu bem-estar, busque distrações. Elas devem ser atividades prazerosas e envolventes o suficiente para que não sobrem neurônios que possam continuar ruminando o assunto desagradável.

~

Procure distrações: ocupe a sua mente com outra coisa mais prazerosa. Programe fins de semana longe de tudo, intervalos para cuidar de você durante fases estressantes e, principalmente, férias no fim de longos períodos conturbados.

Estresse crônico e envelhecimento

Ainda há um mundo a se descobrir sobre o envelhecimento, mas a neurociência já tem algumas dicas importantes, resultado da comparação entre pessoas que envelhecem com saúde e aquelas que apresentam os mais variados problemas durante esse processo. Esta é uma delas: se você quiser envelhecer rápido, viva cronicamente estressado e ansioso, secrete quantidades enormes de cortisol e não faça exercícios físicos.

O envelhecimento é inexorável, resultado da passagem do tempo. Mas ele não é sinônimo de adoecimento nem de perda da qualidade de vida ou do bem-estar. Hoje se sabe que o estresse crônico acelera vários dos processos associados ao envelhecimento natural. As alterações da resposta do corpo ao estresse crônico aumentam o risco de diabetes, hipertensão, doenças cardiovasculares, osteoporose, imunossupressão e problemas de fertilidade. Não é surpresa que, em várias espécies animais, o excesso de hormônio do estresse é a *causa* direta da morte durante o envelhecimento.

De certa forma, o envelhecimento é o processo de perda progressiva da capacidade de lidar com o estresse, ainda que algumas habilidades cognitivas, relacionadas à inteligência social e ao uso estratégico das informações, melhorem com a idade. Por isso costumamos considerar os idosos seres frágeis e vulneráveis – embora sábios – que se saem muito bem em condições tranqüilas, mas que respondem mal a novidades, desafios, esforço físico e doenças de modo geral.

Isso não significa que os idosos não respondem ao estresse. Pelo contrário: em quem chega aos 80 anos de idade, a resposta ao estresse tende a ser exagerada, em razão da perda, causada pelo próprio estresse crônico, dos neurônios no hipocampo, que mantêm essa reação dentro de limites saudáveis. Por isso, além de ser comum que os idosos apresentem níveis excessivamente elevados de cortisol mesmo na ausência de estresse, o seu cérebro tem dificuldade em cancelar a resposta ao estresse quando este termina.

Pense no controle do estresse crônico hoje como um investimento que o beneficiará quando você estiver na terceira idade. Para se tornar um idoso saudável, cuide bem do seu hipocampo desde já: cultive respostas positivas ao estresse e combata o estresse crônico a partir de agora.

Envelhece bem quem sabe lidar com o estresse crônico

Babuínos são primatas altamente sociais, como nós. Também como nós, eles têm uma vida estressante, sempre brigando por uma posição mais favorável na hierarquia ou por acesso a comida e a sexo. Mas nem todo macho babuíno que esteja em uma posição estressante vive estressado. Alguns deles têm personalidades diferentes: ainda que ocupem a principal posição na sua sociedade, esses animais sofrem menos diante do estresse crônico e permanecem três vezes mais tempo no poder do que os líderes que se estressam com facilidade.

Mesmo depois de envelhecerem e perderem a sua posição social privilegiada, os babuínos com respostas mais saudáveis ao estresse mantêm níveis baixos de cortisol e passam um bom tempo envolvidos em atividades interativas com as fêmeas e brincando com os filhotes. Podem até ser importunados pelos mais jovens e mais fortes, mas isso não os afeta: os seus vínculos sociais e a sua qualidade de vida permanecem. Essa é a versão babuína do envelhecimento bem-sucedido. Reduzir o nível crônico do hormônio do estresse funciona igualmente em ratos, protegendo os neurônios do hipocampo desses animais ao longo do envelhecimento.

Os benefícios de uma resposta saudável ao estresse crônico estão começando a ser reconhecidos também na nossa espécie.

De fato, muitas capacidades cognitivas declinam com a idade, mas isso não ocorre com todos nós. Embora na média o nível de cortisol no sangue aumente com o passar dos anos, há uma grande variação desse índice entre as pessoas. Os idosos com a mente mais saudável são aqueles que apresentam o volume do hipocampo mais preservado e as menores respostas crônicas ao estresse, com os níveis mais baixos de cortisol – o que provavelmente ajuda a proteger o hipocampo. Os grandes benefícios de ser respeitado e requisitado pela sociedade nessa fase da vida ficam evidentes naquelas figuras públicas que reúnem essas características, entre políticos, acadêmicos e maestros com expectativa de vida bem acima da média.

~

O estilo de vida, as atitudes e o apoio social são fatores importantes para o bem-estar e a qualidade de vida de jovens, adultos e idosos. Lidar de maneira saudável com o estresse crônico é um importante passo para o envelhecimento bem-sucedido.

Aja logo contra o estresse crônico

No fim das contas, não faz tanta diferença como exatamente você escolhe agir para lidar com o estresse crônico, se por meio de exercício físico, meditação, aulas de ioga, terapia cognitiva, mudança de trabalho ou de qualquer outro método que lhe pareça apropriado. O importante é *resolver* agir. O simples fato de decidir mudar a sua vida torna essa resolução uma prioridade tão grande que a sensação de estar no controle começa a modificar a nossa vida de modo concreto.

Claro, é preciso passar à ação de fato – e ir à academia da esquina pode ser um excelente começo, como você verá no capítulo a seguir.

CAPÍTULO 11

Exercite-se regularmente

Veja que grande notícia: algumas regiões do cérebro continuam ganhando neurônios novos ao longo da vida. Diante dessa descoberta no final dos anos 1990, muitos laboratórios se interessaram em procurar meios que permitissem aumentar o número de neurônios novos, pois a expressão "neurônios novos" soa quase como "fonte da juventude" quando se trata de cérebro. Duas das maneiras descobertas para se atingir esse objetivo – o aprendizado e a riqueza de estímulos ambientais – não representaram nenhuma surpresa, dada a importância do hipocampo para a formação de neurônios. Mas as outras duas eram inesperadas: por que antidepressivos e atividade aeróbica também aumentam o número de neurônios gerados no hipocampo adulto?

Um freio para a resposta ao estresse

A descoberta dos efeitos do exercício físico e dos antidepressivos levou a uma nova compreensão sobre as funções do hipocampo. Hoje se sabe que o hipocampo é fundamental para o controle do estresse, gatilho tão importante das crises de depressão. Os neurônios do hipocampo são muito sensíveis ao cortisol e a outros hormônios produzidos durante a exposição a situações de estresse crônico, como falta de recursos, isolamento social e violência constantes. Quando detecta altos níveis de cortisol no cérebro, o hipocampo freia o eixo HPA, que mantém a resposta do corpo ao estresse, e assim faz com que a produção do cortisol pela glândula adrenal diminua.

Mas isso não cancela a resposta ao estresse. Afinal, se a fonte do estresse continua existindo, o corpo deve reagir à altura. Mas a ativação do hipocampo pelos hormônios do estresse crônico faz com que essa resposta *pare* de crescer e se mantenha num nível menos perigoso para o corpo e o cérebro.

~

O cérebro tem os seus próprios meios de conter a resposta ao estresse e mantê-la dentro de níveis razoáveis, graças à reação do hipocampo aos próprios hormônios do estresse. O exercício físico é uma maneira natural de ajudar o hipocampo a melhorar o controle da resposta ao estresse, pois aumenta o número de neurônios nessa estrutura.

Mais neurônios, menos estresse

Estresse gera estresse, como você viu no capítulo 10, e não só por deixar o cérebro ciente dos seus problemas. As altas doses sustentadas de cortisol, características do estresse crônico, levam à morte os neurônios do hipocampo por deixá-los excitados demais – e exatamente aqueles neurônios que contêm a resposta ao estresse. Com menos neurônios para responder ao cortisol, o hipocampo permite que o eixo HPA aumente a resposta ao estresse, o que desencadeia a produção de mais cortisol, seguida da morte de um número maior de neurônios, e assim por diante. Essa bola de neve da resposta descontrolada ao estresse pode acabar causando ansiedade – quando o cérebro começa a ver fontes de estresse até onde não há –, além da perda de motivação típica da depressão – quando o cortisol provoca a morte também dos neurônios do sistema de recompensa.

Hoje se sabe que todas as intervenções conhecidas que têm ação antidepressiva agem promovendo o aumento do número de neurônios no hipocampo e, provavelmente, no sistema de recompensa também. Exercício físico, terapia de eletrochoque,[1] antidepressivos e estabilizadores de humor agem da mesma forma sobre o hipocampo: permitem a produção de mais neurônios novos, que podem repor os que foram perdidos em decorrência do excesso de cortisol. Com mais neurônios sensíveis a esse hormônio, o hipocampo consegue frear o eixo HPA e reduzir a níveis mais saudáveis a resposta exagerada ao estresse que já foi deflagrada e com isso a produção de cortisol. Isso diminui a ansiedade e a percepção do estresse – o que também ajuda a fazer com que os neurônios do hipocampo recobrem a saúde.

~

Depressão e ansiedade crônica são males associados a respostas de estresse crônico que fugiram ao controle do cérebro. Você pode e deve ajudar o seu cérebro a sair dessas crises: faça exercícios físicos intensos e, se necessário, busque orientação médica para tratamento com antidepressivos ou estabilizadores de humor. A meta é aumentar o número de neurônios novos no hipocampo para que ele consiga tomar as rédeas da resposta hormonal ao estresse.

---

[1] A terapia de eletrochoque continua a ser usada, sob sedação, e ainda é o tratamento mais eficaz para aliviar depressões graves resistentes a medicamentos.

Prevenção é uma grande opção

Aumentar o número de neurônios novos no hipocampo é o caminho para controlar a resposta ao estresse crônico quando ela se instala. Mas contar com um número maior de neurônios nessa área *antes* que o estresse se estabeleça também confere uma grande vantagem ao cérebro. Se o cérebro já vive em tranqüilidade, tendo mais neurônios no hipocampo ele acionará o freio sobre o eixo HPA mais rapidamente quando uma eventual resposta ao estresse crônico se instalar no corpo e, assim, será capaz de impedir que ela fuja ao controle.

A genética parece ser um fator importante de predisposição a transtornos associados ao estresse ao determinar um maior ou menor número de neurônios presentes no hipocampo. Mas a genética raramente é um destino, e este certamente não é o caso do hipocampo. O número de neurônios novos adicionados a cada dia pode até dobrar se você acrescentar uma atividade simples à sua rotina: a prática de exercícios físicos.

~

Com mais neurônios, seja por razões genéticas ou graças a boas escolhas que fazemos na vida, o hipocampo torna-se resistente à ameaça do estresse crônico. Manter elevado o número de neurônios nessa área é uma maneira eficaz de afugentar a ansiedade e as variações do humor que acompanham o estresse. O exercício físico, além de ótimo remédio para os males associados ao estresse, é um dos melhores meios de proteger o cérebro do estresse crônico e até do envelhecimento natural.

Neuroproteção é a solução

Curiosamente, procedimentos tão díspares quanto correr até suar profusamente, aplicar eletrochoques ao cérebro e tomar antidepressivos ou estabilizadores do humor aumentam a produção de neurônios novos no hipocampo, e também no sistema de recompensa, pelo mesmo mecanismo. Esses três procedimentos fazem com que os neurônios que já existem nessas áreas secretem doses maiores de uma substância, o BDNF.[2] Além de ter ação protetora sobre os neurônios locais, mantendo-os saudáveis e retardando a sua atrofia e morte, o BDNF promove o nascimento de um número maior de neurônios novos nessas regiões.

O bom funcionamento do cérebro requer suporte químico constante aos neurônios por meio do BDNF e de outras substâncias neuroprotetoras semelhantes fabricadas por esse próprio órgão. O estresse crônico suprime a produção dessas substâncias, por isso solapa a saúde do cérebro ao fazer com que os neurônios, sobretudo os do hipocampo, comecem a se atrofiar.

Felizmente, o quadro pode ser revertido com antidepressivos, estabilizadores de humor, eletrochoques ou exercícios físicos, recursos que restauram a produção de BDNF e, portanto, solucionam os danos decorrentes do estresse crônico. Além disso, na ausência de estresse, níveis naturalmente elevados de BDNF protegem o cérebro contra insultos, como a falta de oxigênio, e aumentam a sua resistência a males que venham a ser causados por estresse no futuro.

Uma das metas para ficar de bem com o seu cérebro, portanto, é aumentar os seus níveis de BDNF. A alternativa óbvia para conseguirmos esse resultado sem fazer força seria tomar suplementos dessa substância, da mesma forma como ingerimos vitaminas. Mas isso não funcionaria: o BDNF teria que ser injetado diretamente no cérebro, o que não é um procedimento, digamos, corriqueiro. A julgar pela eficácia dos antidepressivos, fazer uso rotineiro deles seria de fato uma boa idéia – caso não perturbassem a química do

---

[2] *De brain-derived neurotrophic factor*, fator neurotrófico derivado do cérebro.

cérebro normal nem apresentassem tantos efeitos colaterais. Embora esses medicamentos sejam muito úteis e até imprescindíveis em casos graves de depressão e ansiedade, eles não devem ser consumidos sem necessidade nem orientação médica.

~

A melhor maneira, a mais saudável e natural, de manter os neurônios bem providos de BDNF está ao alcance de todos nós: o exercício físico.

Os benefícios do exercício físico

A atividade física intensa tem três grandes vantagens sobre os outros antidepressivos: pode (e deve) ser usada de forma preventiva; utiliza o próprio corpo e os seus limites naturais, e não substâncias ou correntes elétricas externas; e apresenta efeitos colaterais altamente desejáveis.

Os benefícios que o exercício físico proporciona ao cérebro são uma das maiores demonstrações da importância da integração entre esse órgão e o corpo. Quando começamos a correr ou a realizar qualquer outra atividade física intensa o suficiente para ativar o eixo HPA e nos fazer suar, a glândula pituitária passa a secretar prolactina, hormônio que exerce um efeito tranqüilizante sobre o cérebro; endorfinas, que têm ação analgésica e promovem a sensação de prazer; e o hormônio do crescimento (GH). Em resposta a esse hormônio, o fígado produz e lança no sangue uma substância chamada *fator de crescimento semelhante à insulina* (IGF-1). O GH e o IGF-1 produzem os benefícios físicos palpáveis e tão desejáveis do exercício regular: reduzem a quantidade de gordura armazenada no corpo, promovem o fortalecimento dos músculos e ossos, melhoram a saúde cardiovascular e aumentam a imunidade, que nos protege das doenças.

Os benefícios gerados por essas substâncias estendem-se também ao cérebro: o IGF-1 do sangue tem acesso aos neurônios e faz com que eles intensifiquem a produção de BDNF. Sob o estímulo do IGF-1, o número de neurônios no hipocampo praticamente dobra, a memória melhora, o humor se estabiliza e as respostas ao estresse são mais saudáveis.

~

Abandone o sedentarismo, faça atividades físicas regularmente e você passará a produzir níveis mais altos de GH, IGF-1 e de BDNF em resposta ao exercício. O seu corpo ficará cada vez mais saudável – e o seu cérebro também.

É preciso suar

Se o IGF-1 presente no sangue é a molécula mágica que cuida do corpo e do cérebro, por que não tomar injeções diárias dessa substância e ficar deitado confortavelmente, sem fazer esforço, apenas aguardando os resultados? Isso equivaleria a ingerir doses de GH, uma forma de doping cada vez mais em voga por ser difícil de detectar. De fato, essa prática promove o aumento da massa muscular e a redução da taxa de gordura corporal. A questão é que o corpo tem um sistema muito bem ajustado que usa o próprio IGF-1 para inibir a secreção de GH. Quando esse mecanismo natural de contenção é contornado por injeções de GH, o excesso desse hormônio causa deformidades corporais (em razão do crescimento anormal das extremidades do corpo), problemas cardiovasculares e intolerância ao açúcar. A esperteza, nesse caso, é perigosa.

~

O exercício físico intenso é a melhor maneira que nós temos de administrar IGF-1 ao cérebro usando o próprio sistema de auto-

regulação do organismo. Isso garante que o corpo e o cérebro sejam expostos somente a níveis adequados dessa substância, dentro dos limites naturais.

A melhor fonte da juventude para o corpo e a alma

Níveis elevados de GH e IGF-1 no sangue, como você vê, proporcionam tudo o que se associa à juventude: mais massa muscular, menos gordura corporal, boa imunidade, melhor aprendizado e memória, função cardiovascular mais eficiente, maior quantidade de colágeno sob a pele. De fato, o envelhecimento normal envolve a "somatopausa": um declínio progressivo na produção de GH e IGF-1, com todas as alterações indesejáveis que isso provoca na composição muscular e adiposa do corpo, na função cardiovascular, no metabolismo, bem como na saúde e no funcionamento do cérebro.

Mas o declínio não é irreversível nem inevitável. Idosos que se exercitam com regularidade produzem mais GH e IGF-1 do que os sedentários, têm mais saúde e vivem mais. Por meio desses hormônios, o exercício físico reverte vários déficits decorrentes do envelhecimento normal: recupera a função cardíaca, a capacidade de exercício e normaliza a elasticidade das artérias; melhora a capacidade de aprendizado e a memória; torna a resposta ao estresse mais saudável e controlada; e, ao ativar o sistema de recompensa, nos deixa mais felizes e motivados.

~

O exercício físico mantém o corpo e o cérebro saudáveis, promove a sensação de bem-estar e retarda o envelhecimento. Consulte o seu médico para saber que tipo de atividade física é mais indicado para você e comece logo a desfrutar os benefícios da melhor fonte da juventude que a ciência já descobriu.

Cuidado com o exagero

Como tantas coisas na vida, o excesso do que é bom acaba sendo ruim. Isso também vale para o exercício físico. Se 30 ou 60 minutos diários são pequenos episódios de estresse agudo que favorecem tanto a saúde do cérebro quanto a do sistema cardiovascular, as muitas horas diárias de atividade intensa dos atletas de elite e dos ratos de academia constituem um estresse crônico sustentado que é potencialmente tão prejudicial quanto, digamos, a incerteza de ter o que comer no dia seguinte. Além disso, o exercício físico só é benéfico quando praticado de modo voluntário: se forçarmos alguém a correr todos os dias, por exemplo, o resultado será uma resposta crônica ao estresse catastrófica para a saúde do corpo e da mente.

O exercício excessivo praticado repetidamente ativa a resposta ao estresse de forma crônica, com a produção de altos níveis de cortisol. Com eles surgem males como disfunções sexuais, perda da libido, interrupção da menstruação, vulnerabilidade a doenças, ansiedade e enfraquecimento dos ossos. A imagem mais forte dos riscos do excesso de exercício é a dos atletas que, em vez de serem a saúde personificada, têm ossos tão fracos quanto idosos com osteoporose e, por isso, estão sujeitos a fraturas durante a própria prática da atividade física.

~

Fazer exercícios físicos é fundamental para a saúde do corpo e da mente, mas não ponha tudo a perder com excessos. O estresse crônico decorrente da atividade física constantemente excessiva ou realizada contra a própria vontade mina o corpo. Assim, o que deveria ser uma solução acaba se tornando mais um problema. Pratique esportes, mas com moderação e apenas se você realmente gostar da atividade.

Dança de salão: uma combinação de benefícios

É verdade que ir à academia, encarar um calçadão quente e cheio de gente ou um jogo com bola não são atividades que agradem a todos. Para aqueles que só vêem sentido em correr se for do ladrão, eis uma ótima notícia: há uma atividade que é ao mesmo tempo exercício físico, mental e social, além de ser um ótimo divertimento. Chama-se dança de salão.

Academias que oferecem aulas, além de bailes, de dança de salão são ambientes alegres, cheios de jovens e idosos, todos igualmente dispostos a usar o tempo e os neurônios que têm de sobra para aprender coisas novas. Nesses lugares, é possível suar e fornecer mais BDNF ao cérebro, treinar a memória aprendendo passos e nomes novos, exercitar as habilidades sociais interagindo de modo gentil com pessoas desconhecidas e ainda ativar o sistema de recompensa, o que garante boas horas de prazer e diversão.

~

Para aumentar as suas chances de se exercitar de fato, procure fazer com que as suas atividades físicas sejam uma fonte de prazer – e não exagere. A dança de salão é uma opção completa, mas você pode preferir capoeira, ioga ou futebol. Não importa o exercício: o fundamental é que ele seja prazeroso e intenso o suficiente para proporcionar bem-estar ao seu cérebro.

CAPÍTULO 12

Durma bem e bastante

Em média, passamos um terço da vida dormindo. Ou passaríamos, se pudéssemos: a luz elétrica, que nos permite continuar trabalhando após o pôr-do-sol e estender o dia útil até a madrugada, pode ser uma grande inimiga do sono. O tempo substancial de vida que passamos dormindo indica que o sono deve ser fundamental para nos manter vivos. Outras evidências dessa importância são a sua auto-regulação (quanto menos dormimos, mais tempo precisamos dormir depois) e o seu controle por cerca de uma dezena de sistemas cerebrais simultaneamente.

A diferença entre sono e repouso

O sono é, paradoxalmente, um período de descanso obrigatório marcado por uma atividade intensa: o cérebro descansa mantendo-se ativo – embora as funções que ele execute nesse período sejam bastante diferentes daquelas que cumpre em vigília. Longe de ser um simples descanso para o cérebro, o sono é, na verdade, um período de funcionamento intenso, apenas diferente, no qual é preciso desligar a consciência, ativar os sonhos de vez em quando, lembrar-se do local onde adormecemos, desativar os músculos, passar memórias a limpo, cuidar da resposta ao estresse... e essas são apenas as ações conhecidas até o momento.

Não somos os únicos a dormir. Um passeio pelo zoológico deixa claro que todos os mamíferos, aves, répteis e anfíbios dormem. Até as moscas passam por um período diário de várias horas de repouso que é mais do que um descanso físico: é sono mesmo, com o corpo e o cérebro adormecidos.

Também para nós o sono significa muito mais do que um simples descanso. Somente nesse período há perda de consciência; apenas o sono é cíclico, isto é, parece ter hora marcada, em vez de surgir após qualquer período de atividade intensa, como ocorre com a necessidade que sentimos de repouso; e somente o tempo de sono diminui com a idade: bebês dormem até 18 horas por dia, crianças dormem cerca de 10 horas e adultos dormem em torno de 8 horas[1] – quando podem.

~

Repousar após atividades físicas ou mentais intensas é bom, mas não é tão bom quanto dormir de fato. Somente o sono proporciona benefícios para o cérebro que resultam do seu modo diferente de funcionar nesse estado.

Os vários tipos de sono

Ainda que você não note as diferenças enquanto dorme, o sono não é uniforme do início ao fim. Ao longo de uma noite, passamos por várias fases de sono mais ou menos profundo, com

---

[1] Algumas pessoas dizem que precisam apenas de três ou quatro horas de sono por noite. Ao contrário de ser uma vantagem, essa necessidade reduzida de sono pode ser um dos sinais de um transtorno do humor, a mania (veja a página 69).

ou sem sonhos e com ou sem movimento do corpo. Cada uma delas parece ter a sua função.

Ao adormecermos, passamos por um período intermediário, chamado de hipnagógico ("que leva ao sono"), em que ainda há certo grau de vigília. Imagens das atividades do dia são comuns nessa fase; elas se misturam com os sons e as imagens do ambiente, que vão ficando distorcidas à medida que o cérebro adormece. Ouvimos o que nos falam, mas a inércia a vencer para respondermos é muito grande; a fala dos outros aos poucos se mistura com as imagens internas do adormecimento.

Segue-se então um período de sono de ondas lentas, do qual dificilmente acordamos de forma espontânea. Ao longo dessa fase, as ondas elétricas registradas na superfície do cérebro vão ficando cada vez mais lentas e intensas à medida que as diversas partes do cérebro são ativadas em grupo. Nesse período, os sonhos são raros, embora o cérebro possa ficar ruminando alguma questão específica, como um problema a resolver no trabalho. É também uma ocasião de intensa síntese de proteínas, que reforça o funcionamento do cérebro e ajuda a consolidar as alterações do aprendizado feitas durante o dia.

Depois tem início a fase do sono com sonhos. Esse é o sono REM – do inglês *rapid eye movement*, ou movimento rápido dos olhos. Mesmo com as pálpebras fechadas, os olhos se movem, o que é uma das características mais marcantes desse período. Livre da influência dos sentidos, o hipocampo repassa as memórias do dia em conjunto com o córtex cerebral, reativando registros internos, e talvez os sonhos sejam o resultado dessa reativação. Não encenamos os sonhos, transformando-os em ações, unicamente porque é acionada uma estrutura especializada em bloquear todos os movimentos do corpo, à exceção dos movimentos dos olhos e da respiração. Desse modo, o sono REM é uma fase de paralisia obrigatória durante a qual os músculos ficam relaxados, em repouso.

Ao longo da noite, as fases de sono de ondas lentas e sono REM alternam-se em ciclos de cerca de 90 minutos. Em cada ciclo sucessivo, o período de sono REM é cada vez mais longo. Quando acordamos espontaneamente pela manhã, em geral estamos despertando dos períodos dessa fase do sono. Por esse motivo, a probabilidade de nos lembrarmos de um sonho é alta nesses momentos, sobretudo se o despertar for lento e tranqüilo. Todas as pessoas sonham, mas quem acorda e pula da cama correndo tem pouca chance de notar que estava sonhando.

~

Dormir durante toda a noite sem interrupção é fundamental para o bem-estar, pois permite que os ciclos das diversas fases sucessivas do sono transcorram normalmente. Como cada uma dessas fases tem uma função diferente, elas se completam.

Para que dormir?

Nós sabemos, por experiência própria, que dormir é fundamental para o bem-estar. A insônia nos deixa irritadiços, desatentos, mentalmente lentos e cansados, além de, é claro, sonolentos. Embora o sono seja vital, a ciência ainda não tem uma resposta completa para explicar por que dormimos. Duas funções conhecidas do sono são consolidar o aprendizado, como você verá a seguir, e lidar com os problemas sem a interferência racional que é possível durante a vigília. Uma função provável é remover conexões entre neurônios que representam associações de idéias não usadas. Uma função essencial do sono, no entanto, é nos manter vivos, talvez por permitir, entre outras coisas, a manutenção de uma resposta saudável ao estresse: embora uma noite passada em claro provoque uma resposta ao estresse, a habilidade do eixo HPA de responder a fatores adicionais de estresse fica debilitada se a insônia se prolongar por várias noites. Nessas situações, o corpo definha, ainda que se coma cada vez mais; a pele fica emaciada, sem brilho; a sensação é de frio permanente, apesar da ausência de febre (pelo contrário, a temperatura do corpo cai). Mas basta voltar a dormir normalmente para que o quadro se reverta. De alguma forma, o sono dá ao cérebro a oportunidade de manter a saúde do corpo e o seu próprio bem-estar.

Quando é total e crônica, a insônia leva o ser humano, bem como ratos e moscas, à morte. Até onde se sabe, a causa aparente da morte é a falência metabólica, sem nenhum sinal de infecção ou lesão corporal – como se o cérebro não conseguisse mais manter o corpo em bom estado.

~

A insônia é um problema de saúde muito comum e, o que é mais grave, subestimado. Se você tem dificuldade para adormecer ou acorda várias vezes durante a noite, procure ajuda médica. A restrição crônica de horas de sono também é grave. A falta de sono causa uma série de problemas físicos e mentais, mas o tratamento é certeiro: dormir.

Quanto menos dormimos, mais precisamos dormir

Dormir é tão importante que o sono é auto-regulado: quanto menos você dorme, mais sono sente. A auto-regulação acaba funcionando como um poderoso mecanismo de segurança, que faz com que mesmo o pior dos insones acabe adormecendo eventualmente. A não ser que haja uma lesão do cérebro, toda insônia, em princípio, se resolve sozinha, pois o excesso de horas em vigília faz com que o cérebro adormeça. O problema é que, na sociedade em que vivemos, o período de sono da maioria das pessoas costuma ser estabelecido de acordo com o seu horário de trabalho. Se o insone tivesse a liberdade de adormecer quando sentisse vontade, boa parte dos seus problemas estaria resolvida.

A auto-regulação do sono vem do acúmulo de uma substância chamada adenosina, que é produzida pelo próprio funcionamento dos neurônios. Quanto mais eles trabalham, mais fabricam adenosina, que vai se acumulando e tem um efeito dramático sobre as estruturas que nos dão motivação. À medida que os níveis dessa substância sobem, menos ânimo e mais sono e letargia nós sentimos. Quando finalmente adormece, o cérebro consegue remover toda a adenosina armazenada e acorda pronto para um novo dia de atividades.

Como o acúmulo de adenosina é proporcional ao número de horas passadas em vigília, períodos maiores de insônia farão com que seja necessário um tempo maior de sono depois para remover essa substância e nos permitir acordar bem, com o cérebro literalmente zerado.

~

É possível dormir menos quando há necessidade. Mas a insônia voluntária é um pacto com o diabo: como a necessidade de sono é proporcional ao número de horas passadas em claro, a sonolência aumenta a cada instante e, eventualmente, somos forçados a repor o sono perdido. Procure organizar a sua vida de modo que possa dormir o número de horas que lhe for necessário todas as noites para sentir-se bem.

Café é uma solução apenas temporária

Há séculos a humanidade conhece um remédio contra a sonolência, cuja ação só foi entendida há pouco tempo: o café. Ele é rico em cafeína, substância que impede a adenosina de gerar sonolência e nos deixa mais atentos e motivados. No entanto, não conseguimos ficar muito tempo sem dormir. Por mais que tomemos café, a adenosina continua se acumulando; e, assim que o efeito da cafeína passa, o cérebro vem cobrar o sono atrasado.

É por isso que, depois de ficarmos um período sem dormir, mesmo tomando café, nós compensamos essa carência assim que possível dormindo mais do que de costume. Com ou sem cafeína, mais adenosina se acumula enquanto permanecemos acordados, e é necessário um tempo maior do que o normal para removê-la do cérebro e estarmos prontos para começar tudo de novo.

~

Ouça as necessidades do seu cérebro: a sonolência é o meio que ele usa para dizer que precisa parar as suas atividades diárias por algum tempo. Você pode recorrer ao café para ficar desperto por mais algumas horas, mas lembre-se de que o cérebro vai apresentar a conta ao longo do dia assim que o efeito da cafeína passar, deixando-o sonolento e cada vez menos capaz até que durma o suficiente.

Pensar cansa

Mesmo que você esteja com o sono em dia, a atividade mental é cansativa. Por mecanismos ainda desconhecidos, mas que devem envolver o acúmulo de adenosina, os neurônios ficam exauridos depois de muito requisitados: pensar cansa o cérebro. A conseqüência disso é que o desempenho se deteriora – até que o sono restaure o funcionamento dos neurônios. De pouco adianta, por exemplo, treinar a mesma música ao piano por mais de uma hora, pois os neurônios responsáveis por sua execução chegam à fadiga. Com isso, em vez de melhorar, o desempenho se torna cada vez pior.

Não há um número mágico que determine quanto tempo os

neurônios agüentam repetir uma música, uma conta mental ou um raciocínio. Mas, com uma hora de prática ininterrupta, é quase certo que eles precisarão de repouso. Por isso, trabalhadores que têm tarefas repetitivas precisam de descanso ou ao menos de atividades alternativas que usem partes ainda não exauridas do cérebro.

Do mesmo modo, é possível passar uma noite ou outra em claro ou dormir muito pouco várias noites, mas as conseqüências são imediatas: além de cansaço e sonolência, surge uma dificuldade para encontrar palavras, memorizar imagens e fazer contas de cabeça. Uma fonte desses problemas é um declínio na atenção, uma vez que a adenosina acumulada reduz a atividade dos neurônios que produzem acetilcolina, substância necessária para nos manter atentos.

Ainda assim, é possível compensar temporariamente alguns danos causados pela falta de sono. Para lidar com palavras, por exemplo, as regiões deficitárias do cérebro, cujos neurônios já entraram em fadiga, pedem ajuda a outras, especializadas em problemas matemáticos. Assim, mais áreas cerebrais envolvem-se numa tarefa que seria muito mais fácil e menos extenuante se o sono estivesse em dia. O cérebro talvez ainda consiga se lembrar das palavras de que precisa, mas o resultado será, é claro, ainda mais sono.

~

Não adianta insistir em mais horas de raciocínio, de treino ao piano nem de leitura se os neurônios que cuidam do assunto já se esgotaram. O melhor remédio é dormir, como você verá a seguir. Caso isso não seja possível, varie o que estiver fazendo. Por exemplo, substitua um trabalho com palavras por atividades motoras ou troque estas últimas por cálculo mental.

O soninho reparador

Como você viu, até os neurônios têm limite. Quando exigimos demais deles por algumas dezenas de minutos seguidos, o nosso desempenho começa a declinar. Assim que conseguimos dormir, no entanto, as vantagens do sono se estabelecem rapidamente. Uma soneca de meia hora após uma atividade extenuante pode ser suficiente para recuperar as habilidades dos neurônios específicos que você havia levado à fadiga em uma hora de uma tarefa repetitiva, como analisar números, traduzir textos ou triar amostras, por exemplo.

~

Sempre que possível, procure dormir após atividades mentais intensas que envolvam aprendizado, raciocínio, movimentos coordenados (como tocar piano), tarefas sensoriais ou muita atenção de modo geral. Um cochilo de meia hora basta para dar um descanso aos neurônios, e depois você pode continuar de onde parou.

Falta de sono é um estresse

Uma das principais evidências de que o sono é um período de descanso para o corpo e a mente é o fato de que, durante o sono profundo, sem sonhos,[2] o cérebro desliga as respostas ao estresse: quando adormecemos, ele manda o corpo parar de produzir cortisol. Não é surpresa, portanto, que a resposta ao estresse seja ati-

[2] Mas não durante o sono REM, quando sonhamos: nesse estado, as respostas ao estresse são ativadas de modo normal, provavelmente de acordo com o conteúdo dos sonhos, como se estivéssemos acordados.

vada durante a privação de sono com um aumento da taxa de hormônios de estresse no sangue – mas ela volta ao normal após uma noite de sono reparador. Curiosamente, assim como toda resposta a um estresse agudo, a produção de cortisol na privação de sono parece ser uma adaptação imprescindível para nos manter vivos. Os animais cuja resposta ao estresse é geneticamente bloqueada morrem após algumas horas de privação de sono.

A insônia promove uma elevação da resposta ao estresse, com a liberação de altos níveis de cortisol no sangue – sobretudo à noite, quando o cérebro deveria estar desligando essa resposta como uma preparação para dormir. É por esse motivo que a privação de sono causa alterações no comportamento associado ao estresse. Por exemplo: ratos impossibilitados de dormir perdem o medo e ficam mais agressivos.

Além disso, a necessidade de sono para a regulação da resposta ao estresse faz com que a privação de sono desencadeie problemas de saúde associados ao estresse crônico. Um estudo mostrou que, entre pessoas que dormem seis horas e meia por noite, aquelas com o sono fragmentado, que acordam várias vezes durante esse período, têm níveis mais altos de gordura e cortisol no sangue e pressão arterial elevada. O quadro se agrava porque a ansiedade associada ao próprio estresse crônico pode causar insônia e fragmentação do sono – o que intensifica a resposta crônica ao estresse e torna o adormecimento ainda mais difícil em um círculo vicioso. Outro estudo revelou que a privação de sono é duplamente prejudicial à capacidade que o cérebro tem de regular a resposta ao estresse: ela não só reduz a produção de neurônios novos no hipocampo como causa a morte de um número maior dos que já existem lá. A boa notícia, no entanto, é que todos esses danos têm um remédio só, fácil e barato: sono.

A fase do sono sem sonhos é um período em que o corpo e a mente relaxam, pois as respostas ao estresse estão totalmente desligadas. Uma boa noite de sono é imprescindível para o bem-estar. Se você tem problemas para dormir, procure ajuda, pois o próprio estresse da falta de sono dificulta o adormecimento.

A ansiedade é inimiga do sono

Lembra-se do *locus coeruleus*, aquela estrutura do cérebro que nos deixa mais alerta quando há um problema, seja ele real ou imaginado? Para que sejamos capazes de adormecer, é necessário que o *locus coeruleus* seja desligado. Um cérebro muito ansioso, portanto, terá dificuldades para desligar o *locus coeruleus* especialmente alerta e adormecer.

A ansiedade crônica também nos leva a dormir menos por nos fazer acordar mais cedo, pois faz com que a resposta ao estresse que nos desperta espontaneamente todos os dias aconteça antes do tempo. Essa resposta pode ser programada pelo próprio cérebro. Para algumas pessoas, basta pensar na hora em que terão que acordar, e o hipotálamo toma as providências necessárias para que uma grande quantidade de cortisol seja lançada no sangue cerca de 60 minutos antes do horário determinado. Quando temos que nos levantar cedo por causa de uma reunião ou de qualquer outro compromisso, o cérebro dorme ansioso e faz com que essa liberação de cortisol com efeito despertador ocorra antes da hora. Ou seja, nem mesmo durante o sono o cérebro consegue se livrar das garras da ansiedade.

~

O estresse dificulta o adormecimento e perturba o sono. Por isso, para dormir bem é preciso, primeiro, lidar com a ansiedade. Este é um dos efeitos importantes dos ansiolíticos, tanto dos farmacológicos quanto dos comportamentais ou cognitivos: ficando menos ansioso, você conseguirá dormir bem e assim sentir-se melhor durante o dia.

Os problemas de trocar a noite pelo dia

A alternância normal entre o sono e a vigília e as oscilações ao longo do dia de vários processos associados a esses dois estados, como a secreção de hormônios e a variação da temperatura corporal, são reguladas por uma série de "relógios biológicos" no cérebro que trabalham de forma alinhada entre si. Como o nosso comportamento costuma seguir as orientações desses relógios, a produção de substâncias como a melatonina (hormônio fabricado normalmente no fim do dia e que nos ajuda a adormecer à noite) e o hormônio do crescimento, bem como a variação da temperatura corporal, acontece na fase apropriada do sono ou da vigília.

No entanto, no mundo moderno, com luz elétrica e internet 24 horas por dia, é comum, infelizmente, realizarmos à noite atividades que o cérebro preferiria fazer de dia – o que não produz bons resultados. Quem troca a noite pelo dia costuma ter respostas exacerbadas ao estresse: esse é um dos preços de não adormecer no horário estabelecido pelo cérebro. Por causa disso, essas pessoas apresentam um risco maior de sofrer de doenças cardiovasculares e gastrintestinais e de terem problemas de infertilidade do que quem dorme na hora adequada.

Trocar a noite pelo dia faz mal por outros motivos além de aumentar a resposta ao estresse. Mulheres que trabalham décadas a fio durante a noite – como é o caso de algumas enfermeiras –

têm mais probabilidade de sofrer de câncer da mama. O problema de trabalhar nesse turno é a conseqüente redução da fabricação de melatonina, um hormônio produzido no fim do dia e que nos ajuda a adormecer à noite.

~

Respeite os horários do seu cérebro. Trocar a noite pelo dia é possível, mas não é desejável. Para que o nosso organismo consiga funcionar assim, é necessário contrariar uma série de sistemas cerebrais, o que desencadeia um estado de estresse crônico e vários problemas de saúde relacionados.

Dormir é fundamental para o aprendizado

Uma das descobertas mais surpreendentes da neurociência nos últimos anos foi a demonstração da importância do sono para o aprendizado. Mas isso não quer dizer que possamos aprender dormindo, como pregavam alguns métodos de ensino de línguas estrangeiras que orientavam a pessoa a ouvir as lições do curso durante o sono. Quando está adormecido, o cérebro responde a estímulos dos sentidos, mas não os processa com detalhes suficientes para perceber nada, muito menos aprender o seu significado.

O sono é fundamental para o aprendizado, sim, mas depois de o aprendizado ter ocorrido durante o dia. Durante o sono, por exemplo, os mesmos neurônios no hipocampo que participaram da codificação de uma informação nova durante o aprendizado são reativados, como se eles estivessem revendo aquela informação. Genes que fortalecem as conexões entre os neurônios são acionados e várias proteínas são sintetizadas em grandes quantidades, como se o cérebro estivesse reforçando, ou fixando, essas conexões.

Outros estudos revelam que precisamos dormir para que o aprendizado permaneça até o dia seguinte, isto é, para que seja consolidado. Passe uma noite em claro, e não restará muita coisa do que você aprendeu na véspera – como se não tivesse aprendido nada. Na visão atual da neurociência, as alterações provisórias feitas nas conexões entre os neurônios durante o aprendizado precisam ser reforçadas no período do sono. Muitas dessas modificações temporárias ocorrem no hipocampo – a estrutura responsável pela formação de memórias novas –, mas são armazenadas a longo prazo em outras regiões do córtex cerebral. Para a neurociência, o hipocampo é como um bloco de notas em que são rascunhadas as novas informações registradas ao longo do dia; à noite, durante o sono, é preciso passá-las a limpo, reescrevê-las em outras estruturas do cérebro nas quais elas serão mais permanentes. Talvez seja esta a origem dos sonhos: a reativação das lembranças do dia enquanto o cérebro decide o que passar a limpo.

Dormir durante o dia também ajuda. Como você viu, uma soneca pode ser tão boa quanto uma noite de sono para descansar os circuitos neuronais esgotados durante tarefas repetitivas. Mas há outros benefícios: se durante o treino de uma atividade o desempenho começa a cair por causa do cansaço, basta um cochilo para que o cérebro não só recupere as suas habilidades como mostre sinais de ter se aperfeiçoado, apresentando um rendimento melhor do que no início. Então, lembre-se: uma soneca durante o dia ajuda a consolidar o aprendizado recente.

O sono é tão importante para o aprendizado e a memória que dormir pouco é triplamente ruim. Em primeiro lugar, porque o processo normal de consolidação das memórias fica prejudicado se faltarem horas de sono para completá-lo. Em segundo lugar, porque a resposta crônica ao estresse em períodos de privação de sono perturba o aprendizado em si – ocasião em que as novas memórias são escritas – e o posterior resgate das informações armazenadas. Em terceiro lugar, porque, de acordo com vários estudos, o sono tem também a função de preparar o cérebro para o aprendizado do dia seguinte. Resumindo: se você deseja que o seu aprendizado do dia entre para a memória, durma bem e bastante sempre.

~

O sono é o período em que o cérebro, protegido da influência dos sentidos, passa a limpo as novas informações adquiridas ao longo do dia. Isso significa que o aprendizado começa durante o dia, mas a sua consolidação na memória depende do sono. Passar uma noite em claro estudando para uma prova é, portanto, contraproducente. Os novos dados não serão registrados na memória duradoura e, por causa do estresse causado pela falta de sono, será difícil recordar-se deles. Dormir é a melhor maneira de aumentar as suas chances de se lembrar amanhã do que você aprendeu hoje – e de ser capaz de assimilar outros conhecimentos amanhã.

CAPÍTULO 13

Eduque-se e assuma responsabilidades

Eis algo em que o cérebro deixa qualquer computador no chinelo: ao contrário da máquina, que se torna cada vez mais problemática e obsoleta, o seu cérebro vai ficando progressivamente melhor, mais saudável e mais capaz com o uso. Para garantir que ele continue procurando aperfeiçoar as suas habilidades, o cérebro conta com um sistema embutido, como você viu anteriormente – o sistema de recompensa que se satisfaz em resolver problemas, mas somente enquanto eles oferecerem algum grau de desafio. O que se torna fácil demais passa a ser desestimulante, e logo tem início uma nova busca por algo mais complicado. O prazer em solucionar questões cada vez mais complexas permite que o cérebro desenvolva uma habilidade que a inteligência artificial ainda pena para alcançar: a capacidade de aprender a aprender.

Além de tornar o aprendizado posterior ainda mais fácil, a aquisição crescente e constante de informações traz outras vantagens. Uma delas é o aumento da resiliência, a capacidade que temos de resistir a danos, graças à riqueza em sinapses, as conexões entre neurônios, proporcionada pela educação. Outro benefício do aprendizado é nos conferir poder para adquirir um controle cada vez maior sobre a nossa própria vida e nos livrar de um dos principais fatores de estresse social ao qual os primatas, urbanos ou selvagens, estão expostos: a subordinação social.

Cérebros educados são mais resilientes

Não é novidade que a educação é um fator importante de bem-estar, mas considere este dado: quem tem mestrado e doutorado vive em média mais tempo do que quem fez apenas mestrado. Por quê?

As estatísticas mostram que as pessoas que recebem educação formal por um tempo maior são mais saudáveis e têm uma vida mais longa do que as menos educadas, e há uma série de motivos prováveis para isso. De acordo com tais levantamentos, esses indivíduos são mais informados sobre riscos associados a doenças (como é o caso do tabagismo) e sobre prevenção (como o uso do cinto de segurança e o exame preventivo de câncer cervical); possuem uma chance maior de seguir tratamentos médicos corretamente; têm mais capacidade de resolver problemas de modo geral; e a probabilidade de fazerem parte de uma comunidade de pessoas com o mesmo nível de educação e informação é mais alta.

Mas não é só isso. Além de atrair e criar para si um ambiente mais favorável, o cérebro bem instruído torna-se cada vez mais capaz à medida que desenvolve as suas habilidades cognitivas por meio do uso e estende o seu banco de dados e as suas abordagens e estratégias para lidar com problemas novos – e ainda adquire mais resiliência a danos. Essa resiliência parece começar com a alteração estrutural que forma a base do aprendizado: o fortalecimento das conexões sinápticas entre neurônios que são efetivamente usadas. Aprender uma atividade – pode ser até malabarismo com três bolinhas – promove o aumento da densidade de sinapses nas áreas requisitadas do córtex cerebral. Enquanto você treinar e elas continuarem sendo úteis e necessárias, as sinapses extras permanecerão nessas regiões. Aposente as bolinhas, no entanto, e a densidade do córtex voltará ao estado original de antes do treino – junto com a sua habilidade de manter as bolinhas no ar. Se manter sinapses custa caro ao cérebro, não vale a pena investir em algo que já não serve mais.

Considere que esse mesmo princípio se aplica a qualquer região cerebral envolvida nas capacidades mentais que adquirimos com o uso, e você entenderá como a educação permite às pessoas manter um funcionamento satisfatório do cérebro mesmo quando esse órgão começa a sofrer as conseqüências do envelhecimento, de danos causados pelo estresse crônico ou pequenos AVCs. Essa é a hipótese da "reserva cerebral", cujo fundamento é a capacidade que a atividade mental tem de aumentar o número de conexões disponíveis entre os neurônios. É como se a educação fornecesse ao cérebro um número de rotas alternativas para um comportamento. Se uma delas deixa de funcionar, um desvio pelas demais resolve a questão. Isso é resiliência: a capacidade de continuar operando bem mesmo quando há danos. Assim é possível que um cérebro rico em sinapses não apresente deficiências cognitivas, mesmo quando cheio das placas senis e dos emaranhados de neurofibrilas que caracterizam o mal de Alzheimer. Por outro lado, um cérebro que dispõe de um número reduzido de rotas sinápticas sofre conseqüências imediatas – e negativas – com a sua perda, e pequenos AVCs poderão fazer com que sinais de demência surjam mesmo que haja pouca degeneração cerebral. Por aumentar a capacidade que o cérebro possui de resistir a danos, a educação promove o bem-estar e o estende por um maior tempo de vida.

~

A atividade mental fomentada pela educação é um investimento que aumenta rapidamente a capacidade de aprendizado do cérebro à medida que ele vai ganhando sinapses, auto-estima, habilidade de resolver problemas e aprende a aprender. Além disso, com o tempo, a elevada densidade sináptica obtida com o aprendizado torna-se um importante fator de proteção das habilidades cognitivas durante o processo de envelhecimento. Cérebros instruídos vivem mais e melhor.

Preste atenção

Há quem culpe a tecnologia ou o mundo moderno como um todo por vivermos apressados em meio a uma profusão de acontecimentos simultâneos e bombardeados por informações. Mas o fato é que, mesmo no mais bucólico e pacífico dos ambientes – uma varanda na serra, por exemplo –, há muito mais informações com as quais temos que lidar do que o cérebro consegue dar conta. Todo o campo visual, os sons ao nosso redor, os pensamentos que nos vêm à mente, as sensações corporais, tudo isso compete pela nossa atenção: a capacidade que o cérebro possui de deixar de fora o que ele considera irrelevante no momento e mobilizar os seus recursos cognitivos para processar melhor e mais rapidamente apenas aquilo que é do seu interesse.

Por definição, o cérebro consegue dedicar os seus recursos a somente uma coisa de cada vez. Isso significa que ou nós lemos, ou ouvimos música, ou conversamos. Não há como fazer as três coisas ao mesmo tempo, embora seja possível alternar rapidamente entre elas. No entanto, enquanto estivermos prestando atenção na fala de alguém, os nossos olhos passarão pelas palavras do livro sem compreendê-las, e precisaremos voltar ao início do parágrafo quando a conversa terminar. Da mesma forma, o nosso trecho preferido da música terá chegado ao fim sem que tenhamos percebido.

A limitação atencional é fundamental para o aprendizado. Em primeiro lugar, o foco da atenção nos permite ignorar os acontecimentos ao redor para que eles não atrapalhem o processamento do assunto que nos interessa no momento. Só não ficamos constantemente assoberbados com tanta informação sensorial – e isso sem levar em conta a internet – graças a esse filtro poderoso que concentra todo o poder operacional do cérebro em uma coisa só a cada momento. É esse aspecto da atenção que chamamos de concentração, pois ele faz com que o nosso comportamento seja guiado pelos objetivos internos do cérebro, concentrados em uma idéia ou em um assunto externo, em vez de se deixar levar pelo primeiro objeto brilhante, rápido ou barulhento que passe pela nossa frente.

Além disso, o que acontece ao nosso redor sem receber a nossa atenção pode até ser registrado pelos sentidos, mas não tem como entrar para a memória. Entre outras coisas, a atenção permite que o cérebro identifique no assunto em questão aspectos e associações que facilitam a formação de memórias, como dígitos de um número de telefone que representam sua idade, dia de aniversário ou número do prédio.

Finalmente, a atenção faz com que sejam liberadas substâncias químicas essenciais para a modificação sináptica, a base do aprendizado. Por isso conseguimos nos lembrar daquilo em que prestamos atenção – e isso sempre acontece para uma informação de cada vez.

~

Há coisas demais no mundo, e tanto é inviável quanto indesejável registrar tudo o que acontece. A atenção é o filtro que seleciona o que será processado pelo cérebro com mais dedicação e eficiência e, portanto, terá acesso à memória. Para melhorar o seu aprendizado, concentre-se no que está fazendo. Isso vale também para manter a lembrança de pequenos acontecimentos ao longo do dia. Se você disser a si mesmo "Estou guardando o tíquete do estacionamento no bolso", terá boas chances de encontrá-lo depois. No entanto, se você o jogar distraidamente na bolsa enquanto presta atenção em outra coisa, o seu próprio cérebro, que o colocou ali, não se recordará de onde ele está.

E o melhor remédio para a memória é...

Se você é daquelas pessoas que gostariam de conseguir se lembrar de tudo, pense de novo. A seletividade da memória – sua capacidade de desprezar um imenso número de dados e armazenar apenas determinadas informações e ainda apagar outras que já não são necessárias – é fundamental. Sem ela seria difícil, por exemplo, você procurar o seu carro na vaga em que o deixou hoje, e não na de ontem nem na de meses atrás. Esquecer é parte integrante do bom funcionamento da memória, assim como é essencial sequer registrar a maior parte do que acontece ao nosso redor.

Por outro lado, é importante encontrarmos nos nossos arquivos cerebrais a informação de que necessitamos – e de preferência no momento em que precisamos dela. Rios de dinheiro têm sido investidos na pesquisa de drogas que facilitem a memória, mas, pelo menos até agora, todas as candidatas apresentam efeitos colaterais indesejáveis, e nada funciona muito melhor do que a dobradinha café e nicotina, que, obviamente, tem os seus problemas. Mesmo com todos os avanços da neurociência ou, na verdade, graças a eles, a maneira mais eficaz de pouparmos o estômago, o coração e os pulmões e termos uma boa memória ainda é... usá-la.

Diferentemente de um computador ou qualquer disco rígido, o cérebro reescreve a sua história e as suas memórias cada vez que elas são acessadas. Sempre que evocamos uma lembrança, ela é fortalecida: as sinapses entre os neurônios que representam as idéias associadas naquela memória específica se fortificam, fazendo com que da próxima vez que precisarmos buscar aquele registro seja ainda mais fácil encontrá-lo. Assim, quanto mais você usa a informação de que Paris é a capital da França, mais fácil será resgatar essa informação posteriormente, enquanto informações que entraram para a memória na mesma época mas foram pouco usadas desde então, como a capital da Romênia... bem, estão guardadas em algum lugar, mas o acesso a elas é difícil – como uma trilha que se fecha na mata por falta de uso. Usar a memória – evocar suas lembranças – é, portanto, fundamental para manter a acessibilidade das informações que já estão na memória.

O momento de entrada das informações para a memória também influencia as nossas chances de localizá-las depois. Esse ingresso é um processo chamado codificação, em que o cérebro associa dados, como um nome e um rosto, para que, posteriormente, qualquer um deles seja capaz de remeter ao outro. Quanto mais elementos o cérebro puder vincular a algo – por exemplo, ao nome da pessoa que acabamos de conhecer –, mais facilidade terá para evocá-lo mais tarde, pois cada um desses itens serve como um fio para encontrar a meada da memória. Essa associação de vários dados a uma mesma idéia é chamada de codificação profunda, uma técnica muito útil para formar memórias duradouras e de acesso imediato no futuro.

~

Uma queixa comum das pessoas hoje em dia é a falta de memória. Se você já se treinou a prestar atenção no que quer assimi-

lar, sabe que o melhor remédio para isso é um só: usar a memória. Ao contrário do que ocorre com as mídias digitais de armazenamento de dados, os sistemas de memória do cérebro não se desgastam com o uso – ao contrário, melhoram. Habitue-se a formar uma rica rede de associações ao redor da informação que você deseja memorizar em vez de apenas repeti-la, pois isso facilitará o acesso à rede neuronal que representa a idéia desejada.

Detalhes emocionantes ajudam a memória

O funcionamento da nossa memória não se assemelha em absolutamente nada ao de um gravador de vídeo, que registra, com igual fidelidade, cada detalhe das imagens. Se alguém nos conta uma história insossa e nos pede para repeti-la, é provável que sejamos capazes de nos lembrar muito bem do começo e do fim, mas muito pouco dos pequenos episódios que ocorrem entre esses dois momentos. No entanto, caso a história ganhe detalhes emocionantes – explosão, morte, paixão súbita –, as chances de nos recordarmos desses acontecimentos aumentam de forma significativa.

Isso é resultado da resposta ao estresse causada pelos detalhes emocionantes. A ativação do *locus coeruleus* no cérebro em resposta ao estresse promove a liberação de noradrenalina sobre o córtex cerebral, o que facilita a atenção e o processamento das informações selecionadas naquele momento. Ao mesmo tempo, a amígdala informa ao hipocampo quais são esses dados dignos de destaque, e o hipocampo guarda então um registro mais forte do que aconteceu.

Quando há excesso de estresse, no entanto, o tiro sai pela culatra. Em níveis excessivos, a noradrenalina exerce um efeito contrário sobre os neurônios do córtex cerebral, que encontra problemas para processar o que está acontecendo. Dessa forma, fica difícil para o hipocampo guardar um registro. É por esse motivo que muitas vezes não temos memória de traumas intensos, como acidentes de carro ou um crime cometido na nossa frente. Não é que tenhamos suprimido ou apagado essas memórias; elas, ao contrário, nunca chegaram a ser formadas.

~

Um pouco de estresse pode ser ótimo para a memória, pois deixa o cérebro "aceso", mais atento e capaz de processar rapidamente os acontecimentos. Mas o estresse excessivo subverte o sistema, e todas as vantagens da ação da noradrenalina transformam-se em desvantagens. Por isso, saber gerenciar a sua resposta ao estresse pode beneficiar até a sua capacidade de formar memórias e evocá-las depois.

Aprender faz bem ao cérebro

Você se lembra daqueles neurônios novos no hipocampo que continuam nascendo ao longo da nossa vida adulta, participando da formação de memórias novas e ainda ajudando a regular a resposta ao estresse? Pois bem, eles têm vida curta: duram em média poucas semanas no cérebro.

Para que existam por mais tempo no hipocampo, é necessário que esses neurônios tenham utilidade, isto é, que sejam empregados no aprendizado de coisas novas. Estudos mostram que, no caso de animais de laboratório colocados em ambientes ricos no que explorar e aprender, o hipocampo produz quase duas vezes mais neurônios novos do que em animais em isolamento e sem nada para fazer. Além disso, um número três vezes maior desses neurônios sobrevive quando há aprendizado. Assim como o exercício físico e um ambiente estimulante, rico em variedade de estímulos, o aprendizado é uma das melhores maneiras de aumentar a quantidade de neurônios novos no hipocampo.

E ter um número maior desses neurônios é de fato uma vantagem. Ainda que possam morrer e ser substituídos por outros depois de cumprirem a sua função temporária na formação de memórias novas, esses neurônios são necessários para que o hipocampo registre o que nos acontece ao longo do dia – e ainda mantenha saudável a resposta ao estresse, como você já viu.

~

O exercício físico e um ambiente estimulante ajudam a aumentar o número de neurônios novos que nascem no hipocampo e ficam disponíveis para participar da formação de memórias. É o aprendizado, no entanto, que faz com que esses neurônios sejam usados e vivam por mais tempo, podendo assim contribuir para a memória e a regulação do estresse, o que é muito importante para o bem-estar.

As desvantagens de estar por baixo

O ser humano pode ser o primata com o maior cérebro, mas isso não nos confere muitas exceções. Como todos os outros primatas, somos seres sociais, o que traz vantagens e desvantagens. As vantagens estão associadas à divisão de tarefas, bem como à companhia e ao apoio proporcionados pelos membros do grupo, como você verá adiante. As desvantagens, por sua vez, vêm dos outros membros do grupo. Onde há vida social e divisão de trabalho existe hierarquia, mesmo que somente familiar. Isso significa que há alguém numa posição superior, mandando, e um, ou geralmente muitos indivíduos, em níveis inferiores, obedecendo. E quem fica por baixo sofre as conseqüências.

Coloque muitos macacos juntos num grupo, e você verá uma hierarquia se estabelecer em poucas semanas. O animal alfa, como se chama o líder de um bando, é aquele que tem privilégios: precede os demais no acesso à comida e, portanto, se alimenta melhor; recebe cuidados (como catação de piolhos e parasitas) e favores sexuais das fêmeas; e se torna resistente a adquirir vício em cocaína e em outras drogas. Por sua vez, os animais subordinados ao líder ficam propensos ao vício e, além de disporem de menos comida, cuidados e sexo, sofrem dos problemas associados a uma resposta crônica ao estresse: acúmulo de gordura abdominal, pressão alta, doenças cardíacas, depressão, distúrbios hormonais e um risco maior de morte prematura. Além de todos esses problemas, as fêmeas subordinadas também perdem massa óssea e produzem menos hormônios sexuais, o que pode elevar ainda mais a chance de problemas cardiovasculares.

~

Ocupar os níveis inferiores em uma hierarquia social, sem ter poder de decisão sobre a própria vida, é uma fonte de problemas para qualquer primata. Na natureza, um meio comum de subir na vida é partir para a briga. Por sorte, a nossa espécie dispõe de outra tática, que não é belicosa, violenta nem fisicamente arriscada: a educação, fantástica fonte de poder intelectual, social e econômico.

Os problemas de sentir-se pobre

Em sociedades grandes demais para que o trabalho de um indivíduo seja trocado diretamente pelo trabalho de outros, o dinheiro – ou qualquer outra moeda de troca – torna-se um intermediário necessário para obtermos aquilo de que precisamos, mas que não podemos produzir sozinhos.

À primeira vista, portanto, ter dinheiro resolve boa parte dos nossos problemas. De fato, muitos estudos apontam uma correlação entre os índices de bem-estar e saúde e o nível socioeconômico de diversos povos. A pobreza está associada a um risco maior de úlceras e doenças cardiovasculares, respiratórias, reumatóides e psiquiátricas – em boa parte por causa do estresse crônico que é viver constantemente sem recursos financeiros, trabalhando até a exaustão, dormindo pouco e sem ter quase nenhum controle sobre a própria vida.

Mas atribuir os malefícios decorrentes da falta de dinheiro à carência monetária em si seria uma simplificação ingênua. Na verdade, o que explica melhor os problemas de saúde apresentados pela população de diferentes países é uma combinação de dois fatores: a satisfação pessoal com o nível socioeconômico e a confiança de que esse nível não vai piorar.

Uma vez que você tenha recursos suficientes para não se preocupar mais com casa e comida, sentir-se pobre ou inseguro sobre o seu futuro financeiro é muito pior do que possuir poucos recursos de fato. A satisfação com o nível socioeconômico é subjetiva e relativa: se uma pessoa possui pouco, mas vê a situação melhorando, ela tem muito menos com o que se afligir do que alguém que, embora possua muito, só identifique possibilidades de piora ao seu redor. É por esse motivo que a insegurança financeira é um estresse tão crítico em sociedades altamente desiguais, como é o caso da nossa.

~

Se você tem recursos para manter um bom nível de vida hoje, lembre-se de tomar providências para que possa preservar esse mesmo padrão ao longo dos anos. Caso goste de realizar investimentos financeiros de risco, reserve recursos suficientes para evitar a sensação de perda de qualidade de vida. Tenha em mente que a sua educação é um fator fundamental, pois lhe proporciona poder econômico e social e capacidade de lidar com adversidades eventuais. Ela é um excelente caminho para que você adquira a sensação de controle sobre a sua vida.

Assuma responsabilidades

Em um mundo ideal, se todos nascem iguais, a posição social de cada indivíduo não deveria afetar as suas chances de bem-estar e longevidade. No entanto, muitos estudos comprovam que, na prática, quem ocupa posições inferiores na escala da sua sociedade apresenta uma probabilidade maior de sofrer de doenças cardíacas e de ter uma morte prematura. Isso vale para os povos de todas as nacionalidades já estudadas e, como você viu, também para primatas não humanos, como os macacos. O custo de ser o mais fraco, o pau-mandado, o último a falar e a se servir tem a mesma origem para todos os primatas: o estresse.

Subir na vida e conquistar uma posição mais dominante na hierarquia social apresenta os seus problemas, pois cria responsabilidades. Cargos mais altos em empresas costumam oferecer como "bônus" um nível de estresse mais elevado, uma vez que é necessário assumir mais responsabilidades e correr riscos cada vez maiores. Mas isso não é ruim. Ao contrário: por assumir o controle da situação e poder tomar as suas próprias decisões, quem se encontra no topo da escala acaba tendo menos problemas de saúde relacionados ao estresse.

Uma excelente demonstração de como a responsabilidade social pode ser um estresse saudável foi fornecida pelo Estudo Whitehall, que acompanhou trabalhadores ingleses e os seus postos a partir de 1970. Esse trabalho mostrou que os funcionários na base da hierarquia apresentavam chances muito maiores de sofrer ataques cardíacos do que os manda-chuvas, no topo da organização. Como você viu anteriormente, a capacidade de prever o estresse e a sensação de controle sobre a situação são fatores determinantes da resposta a ele. Quem tem mais responsabilidades no trabalho possui mais controle, enquanto os que não assumem grandes responsabilidades ficam à mercê da situação.

Mesmo sem trabalhar em empresas, os babuínos sofrem dos mesmos males que nós humanos. Em suas sociedades, os animais dominantes, que detêm o controle das relações sociais no grupo, apresentam as respostas mais saudáveis ao estresse. Os subordinados, em comparação, têm níveis de cortisol elevados, excesso de colesterol e um sistema imunológico mais fraco, principalmente quando sofrem abusos freqüentes por parte de indivíduos dominantes e não contam com apoio social.

A resposta exagerada ao estresse parece mesmo ser o vilão da história. No Estudo Whitehall, os funcionários de status inferior apresentavam níveis matinais de cortisol significativamente superiores aos daqueles que ocupavam cargos mais elevados. Todos nós produzimos quantidades maiores de cortisol pela manhã, antes de acordarmos, e isso nos ajuda a começar o dia, pois prepara o corpo e o cérebro para as atividades que teremos pela frente. No entanto, níveis matinais excessivamente altos desse hormônio podem acabar produzindo efeitos adversos se ocasionarem a síndrome metabólica de acúmulo de gordura, que precede doenças cardiovasculares.

Uma grande causa de estresse é a subordinação social. Estudos com primatas humanos e não humanos mostram que a baixa posição hierárquica resulta em respostas exageradas ao estresse e todos os males associados a ele, como a propensão ao vício, doenças cardiovasculares e morte prematura. Estude, valorize-se, busque responsabilidades e um patamar social mais elevado, e com isso parte dos seus problemas desaparecerá. Você provavelmente ficará mais ocupado, é verdade – mas isso é ótimo. A responsabilidade proporciona uma sensação de controle que ajuda o cérebro a ter respostas mais saudáveis ao estresse e, portanto, a promover o bem-estar.

O bem-estar da estabilidade social

Babuínos dominantes são chefes bem-sucedidos de seus grupos e desfrutam de todos os benefícios do seu trabalho, entre os quais respostas saudáveis ao estresse, com baixos níveis crônicos de cortisol, como você viu. É ótimo ser o chefe – enquanto as coisas vão bem. Durante períodos de instabilidade social, no entanto, as respostas ao estresse são muito acentuadas nos animais que estão descendo na hierarquia do grupo, mas não naqueles que, em meio ao mesmo tumulto, estão ascendendo. Ao se tornarem subordinados, babuínos e humanos depostos passam a apresentar respostas exageradas ao estresse idênticas aos dos demais subordinados. Os efeitos da posição social são benéficos somente enquanto ela é mantida.

Mas o bem-estar não é prerrogativa exclusiva de quem está socialmente no alto, por mais que um lugar proeminente na hierarquia ajude a conquistá-lo ao garantir o poder de controle sobre a própria vida. O estresse social que a subordinação acarreta pode ser amenizado e até neutralizado por uma habilidade tão importante quanto a de se tornar chefe: a de formar uma densa rede de relacionamentos, fonte de apoio social, estabilidade e resiliência a contratempos.

~

A posição social elevada é um fator importante para o bem-estar, mas ela só garante a sensação de controle sobre a própria vida enquanto nos mantemos nela. Ganhamos uma proteção social mais duradoura do que aquela conferida por um lugar de destaque na hierarquia quando conseguimos construir e preservar uma rede de relacionamentos saudáveis que podem proporcionar tanta satisfação e bem-estar quanto o status social, como você verá a seguir.

CAPÍTULO 14

Cultive os seus relacionamentos

Para seres sociais, como nós, ter companhia é mais do que um desejo: é uma necessidade, algo imprescindível para o bem-estar. Construímos redes de relacionamentos com pessoas que nos ajudam e pelas quais estamos dispostos a fazer o que for preciso para apoiar. Mas o verdadeiro benefício da interação social não está no auxílio que recebemos ou oferecemos, e sim no fato de sabermos que não estamos sós: temos outras pessoas por perto, disponíveis e ao nosso alcance, mesmo que seja apenas para nos ouvir e oferecer um ombro amigo em tempos difíceis. Relacionamentos sociais plenos e saudáveis são construídos sobre uma base de confiança e reciprocidade. Cultivar vínculos desse tipo é fundamental para o bem-estar; saber fazer isso é uma arte que pode ser aprendida e aprimorada.

Relacionamentos íntimos aumentam a expectativa de vida

É fato: pessoas casadas ou que têm amigos íntimos adoecem menos e vivem mais do que as que possuem poucos relacionamentos sociais. Quando o cônjuge morre, o risco de morte de quem fica aumenta drasticamente. O impacto dos relacionamentos para a longevidade pode ser tão grande quanto o de fatores conhecidos, como o fumo, a hipertensão crônica, a obesidade e o sedentarismo.

A proteção oferecida pelos relacionamentos íntimos é bastante evidente em casos drásticos de doença ou morte na família. Em um estudo sobre pacientes com doenças cardíacas graves, metade daqueles que não contavam com o apoio social de amigos íntimos nem de cônjuges morreu ao longo dos cinco anos de duração da pesquisa – uma taxa de mortalidade três vezes maior do que entre aqueles que tinham amigos íntimos ou esposas. Outro estudo, que acompanhou por 10 anos após a guerra do Líbano pais de soldados israelenses mortos no conflito, constatou que, por si só, a perda de um filho não afetou a mortalidade entre os pais desolados. No entanto, entre aqueles que eram divorciados ou viúvos, isto é, que não contavam com o apoio de um cônjuge, o risco de doenças e a mortalidade aumentaram significativamente.

O maior bem-estar proporcionado pelos relacionamentos pode ser devido a vários fatores, entre os quais adotar um estilo de vida mais saudável, seguir recomendações médicas e tomar remédios na hora certa – tudo isso graças ao incentivo de querer continuar vivo para ficar mais tempo com as pessoas queridas. Contudo, os benefícios dos relacionamentos para a qualidade e a expectativa de vida permanecem mesmo quando outras variáveis, como fumo e sedentarismo, poderiam ser excluídas da comparação.

O impacto positivo direto que os relacionamentos afetivos exercem sobre o bem-estar pode ser a regulação da resposta ao estresse crônico. Considere que o próprio isolamento é uma fonte de estresse para o cérebro, e você entenderá por que as pessoas socialmente isoladas, que não contam com o apoio de ninguém, têm o sistema nervoso simpático – aquele que dispara a resposta ao estresse – cronicamente hiperativo. Como a resposta crônica e intensa ao estresse provoca hipertensão e promove a formação de placas nas artérias, esses indivíduos têm de duas a cinco vezes mais chances de sofrer de doenças cardíacas. O isolamento social é um estresse que faz com que o cérebro acabe deixando o corpo doente.

O casamento, ao contrário, é um fator de bem-estar e proteção – desde que seja com a pessoa certa. Estar em um casamento ruim é um fator de estresse intenso para as mulheres com conseqüências negativas até para a resposta imunitária. E, se você ainda não está convencido do bem proporcionado pelas boas companhias, talvez a maior prova seja esta: mesmo entre macacos – que não fumam, não bebem, não usam drogas, não são sedentários e não entopem as suas artérias com frituras –, vivem mais e melhor (inclusive com uma resposta mais saudável ao estresse) aqueles que são bem relacionados e têm o apoio de parceiros estáveis.

~

Um bom relacionamento conjugal – e isso leva em conta a independência de cada um – aumenta as nossas chances de viver mais e melhor. Isso não significa, no entanto, que você deva se casar a qualquer custo, pois maus relacionamentos prejudicam a saúde. Cultive as amizades: viver sozinho pode ser tão ruim para o bem-estar quanto fumar, ser hipertenso ou obeso.

Amor, cola social poderosa

Até o amor, quem diria, é hoje assunto da neurociência. Um estudo do grupo inglês pioneiro na área mostrou o que a visão do objeto do amor, seja ele materno, seja romântico, desperta no cérebro das mulheres: uma enorme ativação do sistema de recompensa, juntamente com uma desativação da amígdala e de várias estruturas corticais envolvidas em sensações desagradáveis e no julgamento social do comportamento dos outros. As desativações no córtex cerebral explicam por que o amor nos deixa mais complacentes e tolerantes com o objeto do nosso afeto, além de dispostos a confiar nele. Por sua vez, a inibição da amígdala e dos seus sistemas de alerta deve fazer com que a presença da pessoa amada e até a simples idéia de que ela existe tenham ação ansiolítica e calmante.

Ao mesmo tempo, a ativação do sistema de recompensa é a razão da profunda motivação que encontramos para buscar a companhia do ser amado e também da fidelidade e dos laços afetivos intensos que formamos com ele. Uma série de estudos surpreendentes com um pequeno roedor, o arganaz, mostrou que a diferença entre um animal polígamo e um monógamo, fiel à sua parceira sexual, está na sensibilidade do sistema de recompensa aos hormônios do orgasmo. Quando os receptores para esses hormônios estão presentes no sistema de recompensa, o sexo entre esses animais faz com que o cérebro associe a presença da(o) parceira(o) a uma intensa sensação de bem-estar, o que funciona como uma verdadeira poção do amor, ocasionando a formação de pares fiéis que se mantêm por muito tempo. O amor, portanto, é um tratamento de bem-estar auto-renovável: ele nos tranqüiliza, promove a formação de laços afetivos duradouros com quem nos faz bem e ainda nos motiva a continuar buscando a presença da pessoa amada.

~

Em seres sociais como nós, o amor e o sexo funcionam como uma poderosa cola afetiva através da ativação do sistema de recompensa e da inibição dos sistemas cerebrais responsáveis pelo medo, pela desconfiança e pelos julgamentos sociais. O orgasmo é um potente estímulo ao sistema de recompensa, mantendo aceso o nosso desejo de ficar perto do parceiro. Isso faz do sexo uma faca de dois gumes, que tanto pode manter unido um casal bem ajustado quanto gerar um elo indesejado com um companheiro mal escolhido, socialmente problemático.

Ponha-se no lugar dos outros

O amor é uma cola fundamental para os relacionamentos íntimos, mas nem só de amor vive a sociedade. A nossa capacidade de conviver em harmonia depende de uma série de habilidades pró-sociais que surgem no cérebro ainda na infância. No entanto, elas só se desenvolvem em todo o seu esplendor no fim da adolescência, com o amadurecimento de um conjunto de estruturas no córtex cerebral que são postas à prova nessa época da vida, quando as amizades assumem um papel central em nosso cotidiano.

Essas estruturas – a amígdala, o córtex da ínsula, o córtex órbito-frontal, o pólo temporal e a junção parieto-temporal – formam o chamado circuito social do cérebro, responsável por fazer com que o nosso comportamento leve outras pessoas em consideração. O seu funcionamento se baseia na antecipação de emoções próprias e alheias e na empatia, a capacidade que o cérebro tem de sentir, por imitação, aquilo que vê os outros sentindo. Com base na empatia, que é um processo automático, somos capazes de gerar uma teoria da mente, expressão que se refere não a uma explicação de como a mente funciona, e sim ao fato de o cérebro ser capaz de se pôr no lugar das pessoas e tanto intuir quanto, principalmente, antecipar o que elas devem pensar, sentir ou desejar.

Elaborar uma teoria da mente alheia é uma capacidade natural do cérebro adulto saudável e podemos nos habituar a exercê-la sempre para entender o que causamos aos outros e para ajustar o nosso comportamento de acordo com o impacto que antecipamos que ele tenha sobre as pessoas. Se você deseja uma sociedade harmônica, comece usando os circuitos sociais do seu cérebro para fazer a sua parte e criar relações salutares, baseadas na compreensão, na empatia e no efeito esperado dos seus gestos e das suas palavras sobre os demais.

~

O cérebro humano tem uma capacidade extraordinária para a vida em sociedade: consegue pensar nos outros, adivinhar os seus sentimentos e antecipar as suas necessidades e reações. A habilidade de formular uma teoria da mente alheia é talvez a maior garantia para o sucesso da vida em sociedade, pois impede o egoísmo desmedido, promove o altruísmo e nos permite seguir a regra de ouro: "Trate os outros como você gostaria de ser tratado." Crie o hábito de usar os seus circuitos sociais do seu cérebro para se imaginar no lugar das pessoas antes, durante e depois de agir.

Não seja um estresse para os outros

Não resta dúvida de que a falta de segurança, de tempo e de dinheiro é um forte estresse no mundo moderno, mas que ainda assim pode ser amenizado quando contamos com apoio social na forma de entendimento e conforto por parte de pessoas queridas. Pela mesma razão, no entanto, ser tratado de maneira incoerente por essas pessoas acaba se tornando um estresse maior, pois esperamos justamente que elas nos apóiem, e não que se voltem contra nós.

É possível que, sem notar, nos tornemos uma fonte de estresse para aqueles de quem gostamos, seja por meio de ações desmedidas, seja apenas através da linguagem. As comédias modernas popularizaram as tiradas irônicas, que são engraçadas porque usam palavras que expressam o sentido contrário do que se deseja dizer. "Você não tem um sapato mais velho?" pode ser tanto uma sugestão amigável para poupar sapatos bons quanto uma crítica ao estado calamitoso do calçado de alguém.

Tiradas irônicas são engraçadinhas em programas de televisão, mas na vida real são triplamente estressantes. Em primeiro lugar, porque é preciso trabalho mental para analisar se a intenção da frase é expressar aquele sentido ou o contrário. Em segundo lugar, porque comentários irônicos são críticas que requerem um tipo de resposta comportamental, portanto desencadeiam uma resposta ao estresse. Por último, porque a ironia dirigida a você o informa de que não é aceito socialmente – por exemplo, por causa dos seus sapatos. Comentários dessa natureza podem ser engraçados para quem os faz ou os ouve como observador (por isso ficam ótimos nos programas de televisão), mas não necessariamente para quem é o seu alvo. Por isso é desgastante conviver com indivíduos que só usam ironia e não dizem o que de fato pensam. Uma crítica sincera ao estado dos sapatos é menos agressiva e estressante do que um comentário irônico.

Outra maneira comum de nos tornarmos um estresse na vida dos outros é transferir para eles as nossas frustrações. É muito importante ter uma válvula de escape para o estresse, como você viu antes. Descontar as agressões que recebemos adotando uma atitude hostil com alguém mais fraco ou cujo único erro é estar por perto na hora errada é um recurso que usamos com freqüência para amenizar a sensação de estresse, mas é extremamente nocivo para a vida social – sobretudo quando descarregamos a frustração em quem espera de nós apenas o melhor.

~

Não seja uma causa de estresse na vida das pessoas de quem você gosta. Dispense a ironia: o que é engraçado para você e para terceiros pode ser um estresse para quem é alvo do comentário ácido.

Aja de modo coerente com os seus sentimentos. Bons amigos nos apóiam e nos confortam, e isso não condiz com observações mordazes ou maldosas. Se você discorda dos seus amigos, faça críticas abertas que mostrem a sua opinião sincera.

A ação calmante do apoio social

Saber que não estamos sozinhos no mundo é tão importante para o bem-estar do cérebro que a simples presença de alguém ao nosso lado em um momento difícil pode ser um alívio para a dor ou o estresse. Essa é a base do "apoio moral" que amigos e parentes nos proporcionam ao se oferecerem para nos acompanhar nessas horas. Esse apoio não é apenas "psicológico": ele é fisiológico, pois muda o funcionamento do cérebro, como muitos estudos já demonstraram. Um estresse agudo – como falar em público, fazer contas de cabeça ou discutir com estranhos – é percebido de forma mais suave, e de fato provoca alterações negativas menos intensas no cérebro e no corpo, quando temos um amigo por perto.

Receber apoio moral é ótimo, mas poder oferecê-lo aos outros é igualmente bom ou até melhor. A razão disso talvez seja o fato de que, com a oferta de ajuda, adquirimos uma sensação de controle sobre a nossa própria vida – afinal, podemos escolher prestar apoio – e uma sensação ímpar de sermos necessários, de termos importância, de fazermos algo especial para alguém. Além disso, ao oferecermos auxílio, nos beneficiamos do bem-estar que, por empatia, obtemos do bem-estar do outro: faça o bem a alguém e você estará fazendo o bem a você mesmo, como você viu anteriormente. Em um mundo cheio de fatores de estresse incontroláveis, uma fonte extraordinária de controle sobre a nossa própria vida é a capacidade que cada um de nós tem de tornar o mundo um lugar melhor, com uma boa ação de cada vez.

~

Se você precisa enfrentar uma situação difícil – consultar um médico, falar em público, dar depoimento em tribunal, fazer uma entrevista –, peça apoio moral a uma pessoa querida. Caso você seja essa pessoa para alguém, ofereça-lhe essa ajuda. Quem precisa de apoio fica menos tenso e apresenta mais condições de se sair bem na situação, enquanto aquele que oferece apoio tem o benefício de se sentir necessário e importante. Uma das maiores fontes de bem-estar é a sensação de sermos úteis. Se podemos fazer algo produtivo e bacana pelo bem-estar de alguém, já temos um sentido na vida.

CAPÍTULO 15

Busque e ofereça carinho

Que receber carinho é bom todo mundo sabe. Mas nos últimos anos a neurociência descobriu por que: o cérebro tem um sistema especializado em detectar carícias – toques que deslizam suavemente sobre a pele – e informar a sua ocorrência tanto a regiões que cuidam da sensação de bem-estar do corpo quanto a outras que então inibem respostas variadas ao estresse.

Carinho faz os bebês crescerem

A importância do carinho é evidente desde o nascimento. Depois que o bebê passa nove meses no aconchego do ventre, com casa, comida e calor, o sistema que informa ao seu cérebro sobre carícias na pele funciona como um poderoso "detector de mãe". Os carinhos freqüentes são a melhor indicação para o recém-nascido de que há alguém por perto para alimentá-lo, aquecê-lo e protegê-lo.

Não receber carinho, portanto, é sinal para o bebê de que ele não tem por perto nem mãe nem outra pessoa que ofereça cuidados e segurança. Se os "detectores de mãe" não são ativados logo após o nascimento, o cérebro interpreta a situação como um risco à vida e dispara o alarme, dando início a uma resposta generalizada ao estresse. Banhados em hormônios de estresse, o corpo e o cérebro saem do estado de "desenvolvimento" e entram no de "sobrevivência", armazenando reservas. Eles só abandonam esse estado quando o cérebro detecta carinhos que indiquem que alguém começou a se ocupar do bebê. Por isso, crianças prematuras que são deixadas sozinhas em incubadoras, com cuidados médicos, alimento, oxigênio e calor, mas separadas da mãe, não crescem, têm vários problemas de saúde e demoram a receber alta.

Há verdadeiras histórias de horror envolvendo orfanatos do Leste Europeu na primeira metade do século XX e até mesmo algumas instituições do gênero nos Estados Unidos, onde se deixava que os bebês ficassem chorando sozinhos em seus leitos – e todos eles morriam antes dos dois anos de idade. Se hoje isso soa vil, na época, o comportamento "errado" era pegar bebês no colo quando eles choravam ou ficar perto deles por muito tempo, pois, segundo o best-seller pediátrico do Dr. Luther Holt, isso criava "maus hábitos" nas crianças. Nos hospitais daquele tempo, com equipes majoritariamente masculinas e avessas a "sentimentalismos femininos", as crianças que começavam a mostrar sinais de "hospitalismo" – as que definhavam, desenvolviam pneumonia e infecções gastrintestinais – eram mantidas em isolamento sob condições médicas perfeitamente controladas. Os médicos tratavam as infecções, e não os bebês. E não entendiam por que a taxa de mortalidade em tais ambientes assépticos era enorme. Na realidade, eles não compreendiam que as infecções eram conseqüências, e não a causa, do problema: o que debilitava cada vez mais as crianças era o "hospitalismo", ou melhor, a própria solidão.

Um pouco de carinho teria tido um grande impacto sobre a mortandade infantil por "hospitalismo". O poder do toque humano foi constatado inicialmente por enfermeiras, que se compadeciam das crianças prematuras isoladas em incubadoras numa época em que essa era a norma nos hospitais. Nos plantões dessas boas almas, essas crianças pareciam mais saudáveis. Nos anos 1980, a pioneira Tiffany Field e a sua equipe, da Universidade de Miami, começaram a fazer visitas sistemáticas a unidades neonatais intensivas para acariciar e massagear os bebês. Era uma maravilha: eles cresciam mais rápido e tornavam-se mais saudáveis, além de irem para casa uma semana mais cedo do que os outros. Experimentos com animais logo demonstraram que a importância do toque físico pode superar a da alimentação. Na falta de uma mãe de pele e osso, macacos bebês preferem se aninhar em manequins de pano macios e aquecidos a ficar com falsas mães metálicas e frias, mas que oferecem alimento. O aconchego, que é indicado para o cérebro por meio dos detectores de carinho na pele, vem em primeiro lugar.

~

Os bebês precisam ser colocados no colo para que o cérebro saiba que eles não estão sozinhos e desligue a resposta crônica ao estresse. Quando adultos, continuamos a nos beneficiar da ação antiestressante do carinho. Saber que alguém nos confortará quando chorarmos é uma das melhores coisas do mundo – sobretudo para um bebê. Carinhos não são supérfluos: são imprescindíveis ao bem-estar e até à sobrevivência.

Carinho permite que o cérebro cresça em paz

Os benefícios do carinho no começo da vida vão além de propiciar o desenvolvimento saudável do bebê. Um grupo da Universidade McGill, no Canadá, vem mostrando nos últimos 10 anos que ratas devidamente lambidas por suas mães (essa é a forma de carinho dos ratos) durante a primeira semana de vida tornam-se mais tranqüilas e menos ansiosas do que aquelas criadas por mães pouco carinhosas; têm respostas hormonais e comportamentais ao estresse mais saudáveis; e tornam-se, por sua vez, mães carinhosas com a própria prole. Experimentos com ratas que adotaram filhotes revelam que o fator determinante é o comportamento da mãe, biológica ou não: quem é lambido na infância lambe a cria também. Carinho gera carinho.

Os efeitos benéficos do carinho vêm do cérebro, que, em resposta às carícias maternas, regula todo o sistema de respostas de medo, estresse e ansiedade. As alterações no cérebro instalam-se rapidamente e perduram por toda a vida. Com carinho, o cérebro cresce literalmente em paz.

~

Seja gentil, atencioso e, quando apropriado, carinhoso com as pessoas, sobretudo com crianças. Contribuir para a redução do estresse dos outros é também um investimento na sua própria chance de ser tratado de maneira mais afável. Sendo carinhoso com os seus amigos, você receberá carinho de volta.

Se recebe carinho, você não está sozinho

Muitos dos males da vida adulta são frutos do estresse. Mas estresse não é sinônimo apenas de insegurança, violência e falta de dinheiro. Uma das grandes fontes desse mal para o cérebro, sobretudo para os mais idosos, é a solidão. Mesmo que o cérebro tenha com quem falar ou veja outras pessoas ao redor, ele pode se sentir isolado pela simples falta de contato humano: a falta de carinho é o atestado final de se estar sozinho no mundo.

O toque humano é tão importante na idade adulta que ser tocado por um desconhecido confiável já basta para começar a acalmar o cérebro: a massagem fisioterapêutica diminui os níveis corporais de hormônios do estresse e reduz no cérebro a quantidade de noradrenalina, neurotransmissor que ativa os sistemas de alerta e vigília. Além disso, a massagem relaxa os músculos. Assim, ao sentir o corpo menos tenso, o cérebro também "relaxa". Com a diminuição do estresse no corpo e no cérebro, a sensação de bem-estar aumenta. Os neurônios também ficam mais saudáveis, uma vez que a sua atrofia na fase adulta em estruturas como o hipocampo é diretamente relacionada ao estresse – inclusive ao da solidão.

~

Fazer carinho nas pessoas queridas é a maneira mais direta de mostrar a elas que estamos ao seu lado naquele momento e que também estaremos sempre que precisarem. Se você tem idosos na família, chegue perto deles. Abrace-os. Pegue no seu braço quando conversarem. As pessoas que costumavam acarinhá-los provavelmente já morreram. Eles precisam do seu carinho.

Carinho gera carinho

Além de desligar alarmes e tornar as respostas ao estresse mais saudáveis, o carinho aproxima as pessoas e promove a formação de vínculos sociais e afetivos. Um simples abraço pode ser suficiente, por exemplo, para fazer o cérebro intensificar a liberação de ocitocina, hormônio que facilita a aproximação entre pessoas. Além de ter efeito tranqüilizante sobre o cérebro, reduzindo o nível de alerta e ansiedade, a ocitocina ameniza medos e fobias, nos torna mais confiantes nos outros e proporciona uma sensação de bem-estar ao estimular o sistema de recompensa. Tudo isso contribui para que a pessoa acariciada não só se sinta melhor e retribua o gesto na hora como se torne mais carinhosa no futuro. É um círculo vicioso altamente desejável em que carinhos se autopropagam.

Dê carinho na idade adulta, e você verá que a sua chance de receber esse gesto de volta, em vez de violência, aumentará substancialmente. Além de desfrutar de todas as vantagens de uma resposta mais saudável ao estresse quando adulto, quem é bem tratado e acariciado na infância acariciará os próprios filhos também, garantindo-lhes esses mesmos benefícios. Acariciando os seus filhos, portanto, você já estará cuidando do bem-estar dos seus netos!

Obras de referência

Capítulo 1

- Informações detalhadas no site do National Institute of Neurological Disorders and Stroke, www.ninds.nih.gov/disorders/stroke/detail_stroke.html.
- Snowdon, D. A.; Greiner, L. H.; Mortimer, J. A.; Riley, K. P.; Greiner, P. A.; Markesbery, W. R. (1997). Brain infarction and the clinical expression of Alzheimer disease. The Nun Study. JAMA 277, 813-817.
- Braak, H.; Braak, E. (1985). Golgi preparations as a tool in neuropathology with particular reference to investigations of the human telencephalic cortex. Prog. Neurobiol. 25, 93-139.
- Fillit, H. M. et al. (2002). Achieving and maintaining cognitive vitality with aging. Mayo Clinic Proc. 77, 681-696.
- Resnick, S. M.; Pham, D. L.; Kraut, M. A.; Zanderman, A. B.; Davatzikos, C. (2003). Longitudinal magnetic resonance imaging studies of older adults: a shrinking brain. J. Neurosc. 23, 3295-3301.
- Anstey, K. J.; Low, L. F. (2004). Normal cognitive changes in aging. Aust. Fam. Physician 33, 783-787.
- Flicker, L.; Lautenschlager, N. T.; Almeida, O. P. (2006). Healthy mental ageing. J. Br. Menopause 12, 92-96.
- Craig, A. D. (2004). Human feelings: why are some more aware than others? Trends Cogn. Sci. 8, 2-39-241; Craig, A. D. (2003). Interoception: the sense of the physiological condition of the body. Curr. Opin. Neurobiol. 13, 500-505.

Capítulo 3

- Gladwell, Malcolm. Blink – A decisão num piscar de olhos. Rio de Janeiro: Rocco, 2005.
- Bechara, A., Damasio, H.; Tranel, D.; Damasio, A. R. (1997). Deciding advantageously before knowing the advantageous strategy. Science 275, 1293-1295. Bechara, A.; Tranel, D.; Damasio, H., Damasio, A. R. (1996). Failure to respond autonomically to anticipated future outcomes following damage to prefrontal cortex. Cereb. Cortex 6, 215-225.
- Bechara, A.; Damasio, A. R.; Damasio, H.; Anderson, S. W. (1994). Insensitivity to future consequences following damage to human prefrontal cortex. Cognition 50, 7-15.
- Bechara, A.; Tranel, D.; Damasio, H.; Adolphs, R.; Rockland, C.; Damasio, A. R. (1995). Double dissociation of conditioning and declarative knowledge relative to the amygdala and hippocampus in humans. Science 269, 1115-1118.
- Sanfey, A. G.; Rilling, J. K.; Aronson, J. A.; Nystrom, L. E.; Cohen, J. D.; (2003). The neural basis of economic decision-making in the Ultimatum Game. Science 300, 1755-1758.
- Dijksterhuis, A.; Bos, M. W.; Nordgren, L. F.; Van Baaren, R. B. (2006). On making the right choice: the deliberation-without-attention effect. Science 311, 1005-1007.
- Greene, J. D.; Sommerville, R. B.; Nystrom, L. E.; Darley, J. M.; Cohen, J. D. (2001). An fMRI investigation of emotional engagement in moral judgment. Science 293, 2105-2108.
- Koenigs, M.; Young, L.; Adolphs, R.; Tranel, D.; Cushman, F.; Hauser, M.; Damasio, A. (2007). Damage to the prefrontal cortex increases utilitarian moral judgements. Nature 446, 908-911.

- Aalto, S.; Naatanen, P.; Wallius, E.; Metsahonkala, L., Stenman, H.; Niem, P. M.; Karlsson, H. (2002). Neuroanatomical substrata of amusement and sadness: a PET activation study using film stimuli. NeuroReport 13, 67-73.
- Urry, H. L.; Nitschke, J. B.; Dolski, I.; Jackson, D. C.; Dalton, K. M.; Mueller, C. J.; Rosenkranz, M. A.; Ryff C. D.; Singer, B. H.; Davidson, R. J. (2004). Psychol. Sci. 15, 367-372.
- Iwase, M.; Ouchi, Y.; Okada H.; Yokohama C.; Nobezawa, S. et al. (2002). Neural substrates of human facial expression of pleasant emotion induced by comic films: a PET study. Neuroimage 17, 758-768.
- Ekman, P.; Davidson, R. J.; Friesen, W. V. (1990). The Duchenne smile: emotional expression and brain physiology. II. J. Pers. Soc. Psychol. 58, 342-353.
- Hennenlotter, A.; Schroeder, U.; Ehrard, P.; Castrop, F.; Haslinger, B.; Stoecker, D.; Lange, K. W.; Ceballos-Baumann, A. O. (2005). A common neural basis for receptive and expressive communication of pleasant facial affect. Neuroimage 26, 581-591.
- O'Dojerty, J.; Winston, J.; Critchley, H.; Perrett, D.; Burt, D. M.; Dolan, R. K. (2003). Beauty in a smile: the role of medial orbitofrontal cortex in facial attractiveness. Neuropsychologia 41, 147-155.
- Moll, J.; Krueger, F.; Zahn, R.; Pardini, M.; de Oliveira-Souza, R.; Grafman, J. (2006) Human fronto mesolimbic networks guide decisions about charitable donation. PNAS 103, 15623-8.
- Steptoe, A.; Wardle, J.; Marmot, M. (2005). Positive affect and health-related neuroendocrine, cardiovascular, and inflammatory processes. Proc. Natl. Acad. Sci. USA 102, 6508-6512.
- Hayney, M. S.; Love, G. D.; Buck, J. M.; Ryff, C. D.; Singer, B.; Muller, D. (2003). Vaccine 21, 2428-2432.

- Tugade, M. M.; Fredrickson, B. L. (2004). J. Pers. Soc. Psychol. 86, 320-333.
- Futterman, A.; Kemeny, M.; Shapiro, D.; Fahey, J. (1994). Immunological and physiological changes associated with induced positive and negative mood. Psychosomatic Medicine 56, 499.

Capítulo 5

- Ottowitz et al. (2004). J. Neuropsychiatry Clin. Neurosci. 16, 446-455.
- Gundel, H.; O'Connor; M. F.; Littrell, L.; Fort, C.; Lane, R. D. (2003). Functional neuroanatomy of grief: an fMRI study. Am. J. Psychiatry 160, 1946-1953.
- Najib et al. (2004). Am. J. Psychiatry 161, 2245-2256.
- Ludington-Hoe, S. M.; Cong, X.; Hashemi, F. (2002). Infant crying: nature, physiologic consequences, and select interventions. Neonatal Netw. 21, 29-36.
- Gross, J. J.; Frederickson, B. L.; Levenson, R. W. (1994). The psychopathology of crying. Psychopathology 31, 460-468.
- Labott, S. M.; Ahleman, S.; Wolever, M. E.; Martin, R. B. (1990). The physiological and psychological effects of the expression and inhibition of emotion. Behav. Med. 16, 182-189.
- Sander, K.; Scheich, H. (2001). Auditory processing of laughing and crying activates human amygdala regardless of attentional state. Brain Res. Cogn. Brain Res. 12, 181-198.
- Rottenberg J.; Wilhelm, F. H.; Gross, J. J.; Gotlib, I. H. (2003). Vagal rebound during resolution of tearful crying among depressed and nondepressed individuals. Psychophysiology 40, 1-6.
- Abercrombie, H. C.; Schaefer, S. M.; Larson, C. L.; Oakes, T. R.; Holden, J. E.; Perlman, S. B.; Krahn, D. D.; Benca, R. M.; Davidson, R. J. (1998). Metabolic rate in the right amygdale predicts negative affect in depressive patients. NeuroReport 9, 3301-3307.

- Drevets, W. C.; Price, J. L.; Simpson, J. R. J.; Todd, R. D.; Reich, T.; Vannier, M.; Raichle, M. E. (1997). Subgenual prefrontal cortex abnormalities in mood disorders. Nature 386, 824-827.

Capítulo 6

- O efeito ansiolítico da progesterona é duplo: ela age diretamente sobre receptores para GABA do tipo A-delta, aumentando a inibição tônica no hipocampo, e também faz com que os neurônios do hipocampo expressem um maior número desses receptores. Portanto, a progesterona aciona esses receptores inibidores e ainda faz com que a célula tenha mais deles. Ver Maguire, J. L.; Stell, B. M.; Rafizadeh, M.; Mody, I. (2005). Ovarian cycle-linked changes in GABAA receptors mediating tonic inhibition alter seizure susceptibility and anxiety. Nat. Neurosci. 8, 797-804.

- Wheeler, R. E.; Davidson, R. J.; Tomaken, A. J. (1993). Frontal brain asymmetry and emotional reactivity: a biological substrate of affective style. Psychophysiol 30, 82-89.
- Davidson, R. J.; Coe, C. C.; Dolski, I.; Donzella, B. (1999). Individual differences in prefrontal activation asymmetry predict natural killer cell activity at rest and in response to challenge. Brain Behav Immun 13, 93-108
- Kalin, N. H.; Larson, C. L.; Shelton, S. E.; Davidson, R. J. (1998). Asymmetric frontal brain activity, cortisol, and behavior associated with fearful temperament in rhesus monkeys. Nehav.Neurosci. 112, 289.
- Davidson, R. J. (2004). Well-being and affective style: neural substrates and biobehavioural correlates. Phil. Trans. R. Soc. Lond. B 359, 1395-1411.
- Zalla, T.; Koechlin, E.; Pietrini, P.; Basso, G.; Aquino, P.; Sirigu, A.; Grafman, J. (2000). Differential amygdala responses to winning and losing: A functional magnetic resonance imaging study in humans. Eur. J. Neurosci. 12, 1764-1770.

- Irwin, W.; Davidson, R. J.; Lowe, M. J.; Mock, B. J.; Sorenson, J. A.; Turski, P. A.; (1996). Human amygdale activation detected with echo-planar functional magnetic resonance imaging. NeuroReport 7, 1765-1769.
- Davidson, R. J.; Fox, N. A. (1989). Frontal brain asymmetry predicts infants' response to maternal separation. J. Abnorm. Psychol. 98, 127-131.
- Kalin, N. H.; Shelton, S. E.; Davidson, R. J. (2000). Cerebrospinal fluid corticotrophin-releasing hormone levels are elevated in monkeys with patterns of brain activity associated with fearful temperament. Biological Psychiatry 47, 592.
- Davidson, R. J.; Tomarken, A. J. (1989). Laterality and emotion: An electrophysiological approach. In Boller, F.; Grafman, J. (eds), Handbook of Neuropsychology, vol. 3, 419-441. Amsterdam, Elsevier.
- Davidson, R. J.; Ekman, P.; Saron, C.; Senulis, J.; Friesen, W. V. (1990). Approach/withdrawal and cerebral asymmetry: Emotional expression and brain physiology. I. J. Personality Social Psychol. 58, 330-341.
- Schaefer, S. M.; Jackson, D. C.; Davidson, R. J.; Kimberg, D. Y.; Thompson-Schill. S. L. (2000). Amygdala activity is modulated by conscious maintenance of negative emotion. SfN Meeting.
- Jackson, D. C.; Lalmstadt, J.; Larson, C. L.; Davidson, R. J. (2000). Suppression and enhancement of emotional responses to unpleasant pictures. Psychophysiology 37, 515-522.

Capítulo 7

- Kawasaki, H.; Adolphs, R.; Kaufman, O.; Damasio, H.; Damasio, A. R.; Granner, M.; Bakken, H.; Hori, T.; Howard III, M. A. (2001). Single-neuron responses to emotional visual stimuli recorded in human ventral prefrontal cortex. Nature Neurosci. 4, 15-16.

- Oya, H.; Adolphs, R.; Kawasaki, H.; Bechara, A.; Damasio, A.; Howard III, M. A. (2005). Electrophysiological correlates of reward prediction error recorded in the human prefrontal cortex. Proc. Natl. Acad. Sci. USA 102, 8351-8356.
- Guillemin, R.; Vargo, T.; Rossier, J. (1977). Beta-endorphin and adrenocorticotropin are secreted concomitantly by pituitary gland. Science 197, 1367.
- Krantz, G.; Forsman, M.; Lundberg, U. (2004). Consistency in physiological stress responses and electromyographic activity during induced stress exposure in women and men. Integr. Physiol. Behav. Sci. 39, 105-118.
- Porges, S. (1995). Cardiac vagal tone: a physiological index of stress. Neurosci. Biobehav. Rev. 19, 225.

Capítulo 8

- Sapolsky, R. (2004). Why zebras don't get ulcers. New York, Owl Books.

Capítulo 9

- Petrovic, P.; Kalso, E.; Peterson, K.; Ingvar, M. (2002). Placebo and opioid analgesia – imaging a shared neuronal network. Science 295, 1737.

Capítulo 10

- Whitworth, J.; Brown, M.; Kelly, J.; Williamson, P. (1995). Mechanisms of cortisol-induced hypertension in humans. Steroids 60, 76.
- Carroll, D.; Ring, C.; Winzer, A. Mucosal immunity, stress and. Encyclopedia of Stress 2, 781.

• Cohen, S.; Tyrrell, D.; Smith, A. (1991). Psychological stress and susceptibility to the common cold. New England Journal of Medicine 325, 606.

• Cohen, S.; Frank, E.; Doyle, W.; Skoner, D.; Rabin, B.; Gwaltney, J. (1998). Types of stressors that increase susceptibility to the common cold in healthy adults. Health Psychology 17, 214.

• Padgett, D.; Sheridan, J.; Dorne, J.; Berntson, G.; Candelora, J.; Glaser, R. (1998). Social stress and the reactivation of latent herpes simplex virus type. Proceedings of the National Academy of Sciences USA 95, 7231.

• Kemeny, M.; Weiner, H.; Duran, R.; Taylor, S.; Visscher, B.; Fahey, J. (1995). Immune system changes after the death of a partner in HIV-positive gay men. Psychosomatic Medicine 57, 547.

• Astrom, M.; Olsson, T.; Asplund, K. (1993). Different linkage of depression to hypercortisolism early versus later after stroke. Stroke 24, 52.

• Chapman, C.; Hill, H. (1989). Prolonged morphine self-administration and addiction liability: evaluation of two theories in a bone marrow transplant unit. Cancer 63, 1636.

• Levine, S.; Levine, R. Citado em Sapolsky 2004, p. 262.

• Sapolsky, R.; Krey, L.; McEwen, B. (1985). Prolonged glucocorticoid exposure reduces hippocampal neuron number: implications for aging. Journal of Neuroscience 5, 1221.

• Cameron, H.; McKay, R. (1999). Restoring production of hippocampal neurons in old age. Nature Neuroscience 2, 894.

• Aumento do nível de adrenalina e cortisol no envelhecimento: Rowe, J,.; Troen, B, (1980). Sympathetic nervous system and aging in man. Endocrine Reviews 1, 167. Aumento de glicocorticóides no rato idoso: Sapolsky, R. (1991). Do glucocorticoid concentrations rise with age in the rat? Neurobiology of Aging 13, 171.

• McCarty, R. (1986). Age-related alterations in sympathetic-adrenal medullary responses to stress. Gerontology 32, 172; Sapolsky,

R.; Krey, L.; McEwen, B. (1983). The adrenocortical stress-response in the aged male rat: impairment of recovery from stress. Experimental Gerontology 18, 55.

- Landfield, P.; Baskin, R.; Pitler, T. (1981). Brain-aging correlates: retardation by hormonal-pharmacological treatments. Science 214, 581.
- Lupien, S.; de Leon, M.; de Santi, S.; Convit, A.; Tarshish, C.; Nair, N.; Thakur, M.; McEwen, B.; Hauger, R.; Meaney, M. (1998). Cortisol levels during human aging predict hippocampal atrophy and memory deficits. Nature Neuroscience 1, 69-73.

Capítulo 11

- Colt, E.; Wardlaw, S.; Frantz, A. (1981). The effect of running on plasma beta-endorphin. Life Sciences 28, 1637.
- O cortisol e o estresse agudo estimulam a liberação do hormônio do crescimento, mas altos níveis crônicos de cortisol inibem a liberação do hormônio: Thakore, J.; Dinan, T. (1994). Growth hormone secretion: the role of glucocorticoids. Life Sciences 55, 1083.

Capítulo 12

- Rechtschaffen, A.; Gilliland, M. A.; Bergman, B. M.; Winter, J. B. (1983). Physiological correlates of prolonged sleep deprivation in rats. Science 221, 182-184.
- Chee, M. W. L.; Chuah, Y. M. L. (2007). Functional neuroimaging and behavioral correlates of capacity decline in visual short-term memory after sleep deprivation. PNAS 104.
- Okajima, T.; Hertting, G. (1986). Delta-sleep-inducing peptide inhibited CRF-induced ACTH secretion from rat anterior pituitary gland in vitro. Hormones and Metabolic Reearch 18, 497.

- Em ratos: Meerlo, P.; Koehl, M.; Van der Borght, K.; Turek, F. (2002). Sleep restriction alters the HPA response to stress. J Neuroendocrinol 14, 397-402. No ser humano: Leproult, R.; Copinschi, G.; Buxton, O.; Van Cauter, E. (1997). Sleep loss results in an elevation of cortisol levels the next evening. Sleep 20, 865-870.
- Shaw, P.; Tononi, G.; Greenspan, R.; Robinson, D. (2002). Stress response genes protect against lethal effects of sleep deprivation in Drosophila. Nature 417, 287-291. O estudo também sugere que a morte de ratos após duas a quatro semanas seguidas de insônia pode ser devida a uma falha na resposta cerebral e corporal ao estresse.
- Vgontzas, A. N.; Bixler, E. O.; Lin, H. M.; Prolo, P.; Mastorakos, G.; Vela-Bueno, A.; Kales, A.; Chrousos, G. P. (2001). Chronic insomnia is associated with nyctohemeral activation of the hypothalamic-pituitary-adrenal axis: clinical implications. Journal of Clinical Endocrinology and Metabolism 86, 3787-3794.
- Licklider, J. C. R.; Bunch, M. E. (1946). Effects of enforced wakefulness upon the growth and maze-learning performance of white rats. J Comp Psychol 39, 339-350; e Hicks, R. A.; Moore, J. D. (1979). REM sleep deprivation diminishes fear in rats. Physiol. Behav. 22, 689-692.
- Ekstedt, M.; Akerstedt, T.; Soderstrom, M. (2004). Psychosom. Med. 66, 925-931.
- Mirescu, C.; Peters, J. D.; Noiman, L.; Gould, E. (2006). Sleep deprivation inhibits adult neurogenesis in the hippocampus by elevating glucocorticoids. Proc. Natl. Acad. Sci. USA 103, 19170-19175.
- Wilson, M.; McNaughton, B. (1994). Reactivation of hippocampal ensemble memories during sleep. Science 265, 676. Skaggs, W.; McNaughton, B. (1996). Replay of neuronal firing sequences in rat hippocampus during sleep following spatial experience. Science 271, 1870.

- Pace-schott, E.; Hobson, J. A. (2002). The neurobiology of sleep: genetics, cellular physiology and subcortical networks. Nature Reviews Neuroscience 3, 591.
- Fenn, K.; Nusbaum, H.; Margoliash, D. (2003). Consolidation during sleep of perceptual learning of spoken language. Nature 425, 614.
- Mednick, S.; Nakayama, K.; Stickgold, R. (2003). Sleep-dependent learning: a nap is as good as a night. Nature Neuroscience 6, 697.
- Yoo, S.S.; Hu, P. T.; Gujar, N.; Jolesz, F. A.; Walker, M. P. (2007). A deficit in the ability to form new human memories without sleep. Nature Neuroscience 10, 385-392.

Capítulo 13

- Michael Marmot, Status Syndrome.
- Coffey, C. E. Neurology (1999).
- Draganski B., Gaser C., Busch V., Schuierer G., Bojdahn U., May A. (2004). Changes in grey watter induced by training. Nature 427, 311-312.
- Greenough, W.
- Shively, J. Biol. Psychology DOI: 10.1016/j.biopsycho.2004.11.006.

Capítulo 14

- House, J.; Landis, K.; Umberson, D. (1988). Social relationships and health. Science 2421, 540.
- Levav, I.; Friedlander, Y.; Kark, J.; Peritz, E. (1988). An epidemiological study of mortality among bereaved parents. New England Journal of Medicine 319, 457.
- Robles, T.; Kiecolt-Glaser, J. (2003). The physiology of marriage: pathways to health. Physiology and Behavior 79, 409.

- Cohen, S.; Kaplan, J.; Cunnick, J.; Manuck, S.; Rabin, B. (1992). Chronic social stress, affiliation, and cellular immune response in nonhuman primates. Psychological Science 3, 301.
- Bartels, A.; Zeki, S. (2004). The neural correlates of maternal and romantic love. Neuroimage 21, 1155-1166.

Capítulo 15

- Liu, D.; Diorio, J.; Tannenbaum, B.; Caldji, C.; Francis, D.; Feedman, A.; Sharma, S.; Pearson, D.; Plotsky, P.; Meaney, J. (1997). Maternal care, hippocampal glucocorticoid receptors, abd HPA responses to stress. Science 277, 1659.
- Chapin H (1915). A plea for accurate statistics in children's institutions. Transactions of the American Pediatric Society 27, 180.
- Holt, T. (1894). The care and feeding of children. East Norwalk, Conn: Appleton-Century.
- Field, T.; Schanberg, S.; Scarfidi, F.; Bauer, C.; Vega-Lahr, N.; Garcia, R.; Nystrom, J.; Kuhn, C. (1986). Tactile/kinesthetic stimulation effects on preterm neonates. Pediatrics 77, 654.
- Caldji, C.; Tannenbaum, B.; Sharma, S.; Francis, D.; Plotsky, P. M.; Meaney, M. J. (1998). Maternal care during infancy regulates the development of neural systems mediating the expression of fearfulness in the rat. PNAS 95, 5335-5340.

Sobre a autora

Carioca, 34 anos, a neurocientista Suzana Herculano-Houzel é professora adjunta da Universidade Federal do Rio de Janeiro (UFRJ) desde 2002, onde pesquisa as regras celulares de construção do sistema nervoso, leciona Neuroanatomia e Comunicação Científica e desenvolve seu trabalho de divulgação científica.

Doutora em Neurociências pela Université Paris VI, mestra em Ciências pela Case Western Reserve University (Estados Unidos), graduou-se em Biologia pela UFRJ. Em 2004, recebeu o Prêmio José Reis de Divulgação Científica – Menção Honrosa pelo conjunto do seu trabalho.

Pesquisadora do CNPq e Jovem Cientista do Estado do Rio de Janeiro pela Faperj, é colunista da *Folha de São Paulo*, além de criadora e mantenedora da homepage de divulgação científica O Cérebro Nosso de Cada Dia (http://www.cerebronosso.bio.br).

Ex-pesquisadora do Instituto Max-Planck para a Pesquisa do Cérebro (Alemanha) e do Museu da Vida (Fundação Oswaldo Cruz, RJ), é autora dos seguintes livros de divulgação científica: *O cérebro nosso de cada dia – Descobertas da neurociência sobre a vida cotidiana* (Vieira & Lent, 2002); *Sexo, drogas, rock'n'roll e chocolate – O cérebro e os prazeres da vida cotidiana* (Vieira & Lent, 2003); *O cérebro em transformação;* e *Por que o bocejo é contagioso?* (Jorge Zahar Editor, 2007).

Suzana Herculano-Houzel vive no Rio de Janeiro, com o marido e os filhos.

CONHEÇA OS 30 CLÁSSICOS DA EDITORA SEXTANTE

O Código Da Vinci, Anjos e Demônios, Fortaleza Digital e *Ponto de Impacto*, de Dan Brown

Pais brilhantes, professores fascinantes, Nunca desista de seus sonhos e *Você é insubstituível*, de Augusto Cury

O monge e o executivo e *Como se tornar um líder servidor*, de James C. Hunter

Jesus, o maior psicólogo que já existiu, de Mark W. Baker

1000 lugares para conhecer antes de morrer, de Patrícia Schultz

Um dia "daqueles" e *O sentido da vida*, de Bradley Trevor Greive

Por que os homens fazem sexo e as mulheres fazem amor?, de Allan e Barbara Pease

Os 100 segredos das pessoas felizes, de David Niven

Enquanto o amor não vem, de Iyanla Vanzant

A última grande lição e *As cinco pessoas que você encontra no céu*, de Mitch Albom

A Dieta de South Beach, de Arthur Agatston

O ócio criativo, de Domenico De Masi

A Boa Sorte, de Álex Rovira Celma e Fernando Trías de Bes

Não leve a vida tão a sério, de Hugh Prather

O Poder do Agora, de Eckhart Tolle

Palavras de sabedoria, de Sua Santidade, o Dalai-Lama

Muitas vidas, muitos mestres e *Muitas vidas, uma só alma*, de Brian Weiss

Histórias para aquecer o coração, de Jack Canfield e Mark V. Hansen

Conversando com os espíritos, de James Van Praagh

Mantenha o seu cérebro vivo, de Lawrence Katz e Manning Rubin

Aprendendo a silenciar a mente, de Osho

INFORMAÇÕES SOBRE OS
PRÓXIMOS LANÇAMENTOS

Para receber informações sobre os lançamentos da Editora Sextante, basta enviar um e-mail para atendimento@esextante.com.br ou cadastrar-se diretamente no site www.sextante.com.br

Para saber mais sobre nossos títulos e autores, e enviar seus comentários sobre este livro, visite o nosso site: www.sextante.com.br

Editora Sextante
Rua Voluntários da Pátria, 45 / 1.404 – Botafogo
Rio de Janeiro – RJ – 22270-000 – Brasil
Telefone: (21) 2286-9944 – Fax: (21) 2286-9244
E-mail: atendimento@esextante.com.br